Karl Lask
Wir brechen das Schweigen

Kinder von Alkoholabhängigen wecken Hoffnung

Blaukreuz-Verlag Wuppertal
Blaukreuz-Verlag Bern

Karl Lask, geboren 1922 in Masuren/Ostpreußen. Nach Abitur und Soldatenzeit erlernte er den Beruf des Landwirts. Ausbildung zum Diakon in Bethel, in Frankfurt/M. zum Diplom-Sozialarbeiter. Zusatzausbildungen zum Sozio-Gestalttherapeuten, Sozialtherapeuten u. a. m. Von 1954 bis 1990 mit der Leitung der Fachklinik Haus Burgwald beauftragt. Entwickelte mit seinem Team ein Konzept der Therapeutischen Gemeinschaft unter Einbeziehung der Familien und weiterer strategisch wichtiger Personen in die systemisch orientierte Therapie. Auch jetzt im Ruhestand gilt sein besonderes Engagement der Gesundung der Beziehungen in der Familie.

Die Deutsche Bibliothek – CIP-Einheitsaufnahme

Wir brechen das Schweigen : Kinder von Alkoholabhängigen
wecken Hoffnung / Karl Lask. – Wuppertal : Blaukreuz-Verl. ;
Bern : Blaukreuz-Verl., 1992
ISBN 3-89175-059-5 (Wuppertal)
ISBN 3-85580-267-X (Bern)
NE: Lask, Karl [Hrsg.]

© 1992 Blaukreuz-Verlag Wuppertal
Umschlaggestaltung: Eberhard Platte, Wuppertal
Titelfoto: Mainbild, Frankfurt
Fotosatz: Blaukreuz-Verlag Wuppertal
Druck und Herstellung: St. Johannis-Druckerei, Lahr

ISBN 3 89175 059 5 Blaukreuz-Verlag Wuppertal
ISBN 3 85580 267 X Blaukreuz-Verlag Bern

Inhalt

Zu diesem Buch

In meinem vorausgehenden Buch „Der Kuß der Selene" * berichten Frauen von ehemals Alkoholabhängigen über die Zeit vor, während und nach dem Suchtgeschehen. Sie beleuchten dabei auch kritisch ihre eigene Rolle und erzählen von ihren Kindern.

Beim Abschluß des Buches wurde mir bereits deutlich, daß dieses Bild ergänzt werden muß durch persönliche Beiträge der Kinder. Aus ihrer Position haben sie ihre eigene Schau des Suchtgeschehens, auch in seinen Auswirkungen für ihr persönliches Leben und das in der Familie. Nicht minder interessierten die Auswirkungen der Behandlung.

So schrieb ich Jugendliche an, die in das Therapiegeschehen durch Familiengespräche und Seminare einbezogen worden waren. Ich fand Bereitschaft mitzuarbeiten und berichte Näheres dazu im ersten Teil des Buches.

Die Schilderungen der jungen Fauen und Männer sind sehr offen und daher bewegend. Sie vermitteln Einblicke in das Leiden von Kindern, das weithin unbekannt ist. Sie brechen das Schweigen, das sie sonst umgibt. Zusammen mit den Kommentierungen stellt das Buch Fragen an alle, die von dieser Not verschont geblieben sind:

- Wo liegen unsere Anteile, daß Angehörige nicht wagen, mit uns über ihre Nöte zu sprechen?
- Sind wir überhaupt bereit, uns ihnen zu stellen und ihnen so zu begegnen, daß sie sich von uns angenommen fühlen?
- Was wissen wir sachlich über das Suchtgeschehen und das Mitbetroffensein der Angehörigen?
- Brauchen wir nicht zunächst selbst Hilfe, um unsere Hilflosigkeit den Betroffenen gegenüber zu überwinden?

---

* Karl Lask, Der Kuß der Selene. Frauen von Alkoholabhängigen machen Mut. Blaukreuz-Verlage Wuppertal und Bern, 2. Auflage 1989.

9

Es berichten ausschließlich junge Leute, deren Väter als Alkoholabhängige in einer stationären Therapie waren. Meine beruflichen Erfahrungen gewann ich in der Fachklinik für alkoholabhängige Männer Haus Burgwald, so daß ich die Problematik alkoholabhängiger Frauen nur von der Theorie her kenne. Der Verlauf des Suchtgeschehens ist bei ihnen ähnlich dem der Männer. Sind sie Mütter, so sind die Auswirkungen ihres suchtbedingten Verhaltens auf ihre Kinder noch einschneidender. Auch ist die Scheidungsrate bei ihnen wesentlich höher als bei alkoholabhängigen Männern.

Das Buch ist in Themenbereiche gegliedert. Ihnen sind die Berichte der jungen Leute zugeordnet. Das bedurfte einer Abwägung, da die Berichte mehrere Themenbereiche berühren. In den Anmerkungen zwischen den Berichten ging es mir vor allem darum, die oft komplizierten Vorgänge in einer verständlichen Sprache darzustellen. Dazu war es notwendig, zu Vereinfachungen zu greifen. Das Buch ist vor allem für den nicht mit Fachwissen vorbelasteten Leser geschrieben, erhebt also nicht den Anspruch auf Wissenschaftlichkeit. Die Berichte der Jugendlichen habe ich so überarbeitet, daß das Inhaltliche erhalten geblieben ist, eine Identifizierung aber nicht möglich ist.

Die eingefügten Bilder sind von Kindern in Seminaren für Kinder und Eltern gemalt worden.

Das zentrale Anliegen des Buches ist:

- den Blick und das Herz des Lesers zu öffnen für die drangvollen Nöte der Angehörigen von Alkoholabhängigen, besonders der Kinder,
- einen Beitrag zu leisten zur Überwindung der „sozialen Vererbung" des Alkoholismus in den davon mitunter schon seit Generationen betroffenen Familien.

Gewidmet ist das Buch vor allem den Kindern aus Familien mit einer Suchtproblematik.

Seeheim, im März 1992   *Karl Lask*

Warum Kinder von Alkoholabhängigen ihr Schweigen brechen

„Wer bin ich eigentlich?"
(Bärbel, 22 Jahre)

Mein Vater war alkoholabhängig. Das ist nicht ganz spurlos an mir vorübergegangen. Zu meinen schlimmsten Erinnerungen aus der Kindheit gehört, daß mein Vater nie Zeit für mich und unsere Familie hatte. Entweder war er zur Arbeit fort, oder er war irgendwo und trank.

Jedesmal, wenn ich meinen Vater gebraucht habe, egal, ob etwas kaputt ging, oder nur, daß er mich zum Schwimmen fahren sollte, war er nicht da oder nicht ansprechbar. Schon der Gedanke, meine Mutter um solche Hilfe zu bitten, erzeugte bei mir ein schlechtes Gewissen. Ich sah ja, daß sie voller Probleme war, die ihr der Vater bereitete. Sie war oft sehr gereizt und konnte von daher auch ungerecht werden. Gelegentlich gab es auch Schläge von ihr. Dann rannte ich in mein Zimmer und schloß mich ein. Es wurde mir immer mehr zu einer Art Insel.

Später, mit vierzehn, fünfzehn Jahren, wurde es noch schlimmer. Ich kam in die „Flegeljahre", und mein Vater begann, eifersüchtig zu werden. Früher durfte ich jederzeit mit Jungen spielen. Jetzt geriet er schon in Zorn, wenn ich nur einen erwähnte. Also behielt ich meine kleinen Geheimnisse für mich und fraß auch meine Enttäuschungen und meinen Ärger in mich hinein.

In dieser Zeit habe ich angefangen, meine Meinung zu vertreten, oder ich versuchte es wenigstens. Aber prompt wurde mir gesagt, daß ich nicht so frech sein soll. Also wieder: „Schnauze halten!"

Das liebste Spiel meines Vaters damals war, mir erst etwas zu erlauben – z. B. das Wochenende bei meiner Freundin zu verbringen – und es dann zu verbieten. Jedesmal, wenn ich schon mit meiner Tasche abfahrbereit auf der Treppe stand, sagte er: „Nein, du bleibst hier!" Das gab dann immer wieder den gleichen Kampf mit viel Tränen und bösen Worten. Aber schließlich durfte ich dann doch weg.

In der Familie meiner Freundin habe ich ein ganz normales Familienleben kennengelernt. Ihr Vater hatte für seine Kinder Zeit, obwohl er auch berufstätig war. Hatte meine Freundin Probleme in der Schule oder sonstwo, waren die Eltern da und hörten ihr zu. Erst dort habe ich erlebt, daß auch ein Kind eine eigene Meinung haben darf. Ich kannte das nicht.

Mit achtzehn Jahren machte ich den Führerschein und dachte: „Nun bist du erwachsen, frei und machst, was du willst." Denkste! Als Strafe für meinen angeblichen Ungehorsam ließen sich meine Eltern nur den Satz einfallen: „Wenn du nicht machst, was wir wollen, kriegst du nichts mehr von uns zu essen!"

Das ließ ich mir nicht gefallen! Ich habe mir in meinem Zimmer eine kleine Kochnische eingerichtet und ließ mich drei Tage lang nicht mehr bei meinen Eltern sehen. Am vierten Tag hat mich mein Vater dann angefleht, doch wieder zu ihnen zu kommen und bei ihnen zu essen. Ich habe es zwar getan, ging aber nur zum Mittagessen zu ihnen. Frühstück und Abendbrot esse ich seitdem grundsätzlich für mich alleine. Auch habe ich seit damals immer ein paar Schnellgerichte auf Lager. Es könnte ja sein, daß ich wieder einmal ihren Erwartungen nicht entspreche und sie mir mit Essensentzug drohen. Das ist zwar seit dieser Zeit nicht mehr geschehen, aber der Schock sitzt tief bei mir, bis heute.

Solange mein Vater nur einen gewissen Alkoholspiegel hatte, war einigermaßen gut mit ihm auszukommen. Aber in den letzten vier bis fünf Jahren vor seiner Kur hatte er diesen Spiegel fast ständig überschritten. Er war dann einfach betrunken. Geschlagen hat er mich in dieser Zeit zwar nicht, aber ich konnte mich mit ihm nicht unterhalten. Ich ging dann immer mehr meine eigenen Wege. Ich schämte mich, einen solchen Vater zu haben, und wurde auch unsicher gegenüber anderen Menschen. Sie bekamen ja mit, daß mein Vater zuviel trank und wie es bei uns zu Hause aussah.

Als ich ungefähr neunzehn Jahre alt war, begann meine Mutter verstärkt, ihre Sorgen bei mir abzuladen. Am Anfang war ich sogar stolz darauf. Aber irgendwann merkte ich, daß mir das zuviel wurde, ich es nicht verkraften konnte. Meine Mutter lehnte sich immer mehr an mich an. Mitunter kam ich mir vor, als wäre ich ihre Mutter oder ihr Beichtvater. Sie suchte bei mir Hilfe. Ich sollte sie trösten. Hinzu kam, daß ich eigene Probleme in der Firma hatte. Wollte ich über diese sprechen, hörte ich zu Hause, daß ich froh sein müßte, überhaupt eine Arbeit zu haben. Also sagte ich nichts mehr von meinen Schwierigkeiten und versuchte, alles selbst zu regeln.

Als ich gerade zwanzig war, ging mein Vater zu einer Entwöhnungskur. Auf der einen Seite war es schön, daß er nicht zu Hause war. Es gab weniger Streit, und es ging viel ruhiger bei uns zu. Aber es begann andererseits auch für mich ein gewisser Streß. Ständig kam meine Mutter mit irgendwelchen Problemen zu mir. Ich versuchte auch schon von mir aus, ihr soviel wie möglich vom Leib zu halten. Und dann mein Vater mit seinen Wünschen und Forderungen! Er brauche unbedingt dieses und jenes und forderte, daß wir ihn an jedem Wochenende besuchen sollten. Ich hatte das Gefühl, ich müßte nun ganz und gar für meine Eltern leben, für sie da sein, beide brauchten mich, hängten sich an mich.

Hinzu kam, daß die Arbeit im Betrieb zunahm. Heute weiß ich nicht mehr, wie ich das alles geschafft und vor allen Dingen auch verkraftet habe. Aber man sagt ja, daß der Mensch mit seinen Aufgaben wächst. Auf jeden Fall habe ich in dieser Zeit mein eigentliches Problem, nämlich einen Vater als Alkoholiker zu haben, hintenan gestellt. Ich redete mir ein, daß ich daran nichts ändern kann. Also sich damit abfinden, hieß die Parole. Am besten war, immer beschäftigt zu sein, nur keine Zeit zum Nachdenken zu haben.

Erst jetzt, in diesen über zwei Jahren nach der Therapie, merke ich, in wievielen Punkten die Sucht nicht nur das Leben meines Vaters und der Mutter, sondern auch mein Leben geschädigt hat. Das Geschehene läßt sich nicht einfach abhaken oder gar verdrängen.

Das Verhältnis zwischen meinem Vater und mir war während meiner Kindheit nicht gut. Teilweise war er mir total fremd. Und mit dreizehn, vierzehn Jahren wünschte ich mir sogar, daß er nicht mein richtiger Vater wäre, sondern mich nur adoptiert hätte. Wäre er zu dieser Zeit gestorben, ich weiß nicht, ob ich um ihn geweint hätte.

Als Vater zur Kur war, habe ich angefangen, mich zu fragen, wer mein Vater überhaupt ist. Durch Familiengespräche in der Therapeutischen Gemeinschaft Haus Burgwald begann ich zu begreifen, daß er erst durch die Sucht zu diesem merkwürdigen und mir fremden Menschen geworden ist. Das versuche ich bis heute zu verstehen und muß bekennen, daß ich es dennoch nicht ganz schaffe.

Mit meiner Mutter gab es auch harte Auseinandersetzungen. Immer wieder mußte ich mich wehren, nicht zum „Müllkübel" ihrer Sorgen und Probleme zu werden. Das nahm sie mir übel. Inzwischen hat sie begriffen, manchmal auch nicht, daß ich nicht mit Dingen belastet werden möchte, die meine Eltern unter sich zu regeln haben. Seitdem dies einigermaßen funktioniert, fühle ich mich um Jahre jünger. Ich bin freier und unbeschwerter geworden. Ich muß nicht immer Angst haben, nur das sagen zu dürfen, was meine Eltern von mir hören wollen. Ich muß sie nicht mehr wie „rohe Eier" behandeln. Mit meinem Vater kann ich jetzt herrlich diskutieren. Er akzeptiert sogar, daß ich des öfteren einmal recht habe. Zur Zeit arbeite ich mein vergangenes Leben auf. Ich schaffe es ab und zu, anderen Menschen zu vertrauen und Gefühle zu zeigen. Mein Vater versucht sogar, vielleicht unbewußt, mir dabei zu helfen. Er drängt sich nicht in mein Leben, aber er hört mir zu und gibt mir das Gefühl, für mich dazusein, egal was kommt. Das tut mir unendlich gut.

Heute weiß ich, wer ich bin: die Tochter eines Vaters, der zu sich selbst und zu seiner Familie gefunden hat. Ich möchte meinen Vater noch viele Jahre behalten. Wenn er aber sterben sollte, dann ist das schlechte Vaterbild von damals überdeckt von einem guten. Und dafür bin ich von Herzen dankbar.

Wir wollen ein Buch schreiben

Ein regnerischer, feuchtkalter Wintertag. Mit sechs jungen Menschen bin ich zu einem gemeinsamen Wochenende bei der Gemeinschaft „Offensive junger Christen" in Bensheim an der Bergstraße. Ich kenne diese jungen Frauen und Männer aus der Zeit, als ihre Väter in Therapie waren und sie zu Familiengesprächen und Seminaren kamen. Das liegt schon einige Jahre zurück.

Fünfzig von ihnen hatte ich angeschrieben mit der Bitte, an einem Buch mitzuarbeiten. In dem Brief hieß es: „Ihr wißt, daß ich mich im besonderen für die Angehörigen von Alkoholabhängigen, also auch für ihre Kinder, engagiere. So kann ich mir vorstellen, daß ein Buch mit Berichten von Kindern, deren Väter nicht mehr trinken, anderen Kindern, die dieses Problem noch in der Familie haben, Hoffnung und Mut machen könnte. Es ist nicht notwendig zu beschreiben, was sich alles zu Hause während der Alkoholabhängigkeit des Vaters zugetragen hat, sondern Ihr solltet berichten, was jeder dabei für sich erlebt hat, wie er versucht hat, sich selbst zu helfen und wie es ihm jetzt geht. Wer ist bereit mitzuarbeiten?"

Von den fünfzig sind sechs zu dem geplanten Wochenende gekommen. Ein junger Mann schrieb in seiner Zusage: „Vielleicht ist es mir im Schreiben auch möglich, einen Teil meiner verkorksten Vergangenheit aufzuarbeiten." Ja, das ist möglich. Da beginnt das, was auf dem Herzen als ungeordnete Last liegt, hinauszufließen auf das Papier. Beim Schreiben nimmt es Gestalt an und liegt dann vor einem zum Betrachten, Überdenken, Korrigieren.

Fast alle brachten ihren Bericht an diesem Wochenende zum Abschluß. Eine junge Frau sagte: „Nun ist es raus, aber durchlesen möchte ich es jetzt nicht!" Ein anderer: „Das ist ein Stück meines Lebens, das ich da zu Papier gebracht habe. Ich gebe es der Öffentlichkeit preis, wenn auch anonym, und hoffe, es wird anderen helfen."

Ein junger Mann schrieb mir nach diesem Wochenende: „... eine Entscheidung, die mir nicht ganz so leicht fiel, wie es vielleicht klingt. Man holt wieder ein Kapitel ans Licht, das schon einige Zeit zurückliegt, über das schon Gras gewachsen ist. Zwar kein besonderes Gras! Aber es besteht die Gefahr, alles wieder aufzureißen. Außerdem, an einem Buch mitarbeiten, das ist mit Arbeit verbunden. Eh kaum Zeit! Und dann noch so was! Außerdem hatte ich was anderes vor. Ehrlich gesagt: Mit welch einer negativen Grundeinstellung bin ich losgefahren, und mit wieviel neuen, positiven Gedanken und Anstößen bin ich wieder heimgefahren! An einem Buch mitzuarbeiten, war etwas ganz Neues für mich. Ich war neugierig, ob ich dazu fähig bin. Und ich hatte mir schon manchmal jemanden gewünscht, dem es genauso beschissen geht wie mir, um ihm von mir und meinem Erleben zu erzählen. Und dann trafen wir in Bensheim ein. Erst einmal Angst! Lauter neue Leute, die ich nicht kannte und von denen ich nichts wußte. Die Hoffnung, die Teilnehmer vom Kinder-Eltern-Seminar wiederzusehen, war eine Illusion …"

Dank

Ich danke diesen mutigen jungen Menschen und auch anderen, die mir ihre Beiträge zugeschickt haben. Ich habe an dem Wochenende für mich viel Ermutigendes erlebt: die Gemeinschaft, das Offensein, das Sichaussprechenkönnen, eine gemeinsame Aufgabe und Zielsetzung. Das hat allen gutgetan und uns zusammengeführt.

Und mich nahmen sie an, ließen mich – ich hätte ihr Großvater sein können – sein wie einen, der zu ihnen gehört, vor dem sie nichts verheimlichen müssen.

Danken möchte ich auch den Eltern. Sie wußten, daß ihre Kinder berichten werden, was sie in der Familie erlebt haben und dabei auch bisher Unausgesprochenes zutage treten wird. Dennoch haben sie ihren Kindern Mut gemacht, an diesem Buch mitzuarbeiten. Auch das konnte nur aus einem Herzen geschehen, in dem die Leiden der Vergangenheit weithin überwunden sind.

Nicht minder herzlich danke ich meiner Frau, mit der ich viele mir unklare Fragen besprechen konnte und die bei den Schreibarbeiten viel Geduld mit mir haben mußte.

Beim Schreiben sind die jungen Leute selbst an Stellen herangekommen, die ihnen weh taten. Aber sie haben sich diesen Wunden gestellt. Sie haben bei unserer Zusammenkunft die „Gemeinschaft der Verwundeten" erlebt, aber auch die Gemeinschaft derer, die auf dem Weg sind, sich heilen zu lassen. Darum waren das begleitende Gespräch, das Sichaustauschen in der Gruppe und in den Pausen so wichtig. Ich habe große Hochachtung vor dem Mut dieser jungen Menschen. Nicht die Anklage steht im Mittelpunkt ihrer Berichte, sondern Erfahrungen, die Hoffnung und Mut wecken wollen.

„Ich hoffe, daß wir eine gesunde Familie werden" (Uwe, 26 Jahre)

Wenn ich an meine Kindheit und Jugendzeit zurückdenke, kommt oft ein Gefühl von Traurigkeit auf. Ich denke, daß ich in vielen Dingen, so auch in der ganz normalen Entwicklung als Kind, vernachlässigt wurde. Dieses Minderwertigkeitsgefühl ist eigentlich bis heute geblieben. Mein Vater hat immer versucht, mich umzukrempeln. Er hat meine Interessen sehr selten unterstützt, schon gar nicht gefördert. Es wurde nicht viel Zeit dafür verwendet, mir Dinge und Abläufe zu erklären und zu verdeutlichen. Wichtig war, daß seine Wünsche und Vorstellungen verwirklicht wurden. Allerdings sollten wir Kinder ihm dabei helfen. Sobald wir ein Handwerksgerät in den Händen halten konnten, hieß es, ihr müßt mithelfen.

Ich bin Linkshänder. Mein Vater hat mich oft mit harten Strafen umerzogen, so daß ich heute mit rechts esse und schreibe. Hatte ich jedoch eine Schraube mit links eingedreht und das diente dem Zweck, dann sagte mein Vater nichts. Wenn mein Vater von der Arbeit kam, hofften wir, daß er nicht betrunken war und gute Laune hatte. Nach dem Abendessen hieß es meistens, ab in den Garten, auf den Dachboden oder in den Keller. Wir hatten viel Arbeit. Mich beherrschte ständig die Angst, etwas verkehrt zu machen. Vater ging in der Regel mit guter Laune an die Arbeit. Oft war es dann aber so, daß entweder ich oder meine Schwester etwas verpatzten, und schon war der Krach da.

In jenen Jahren ging mein Vater zu einer abstinenten Gruppe. Auf diese Abende freuten wir uns, denn dann konnte nichts passieren, was uns demütigte. Ich will nicht sagen, daß wir in dieser Zeit große Freiheiten hatten, er hatte schon dafür gesorgt, daß wir etwas zu tun bekamen. Aber dennoch waren wir froh, daß er nicht da war. Die Wochenenden waren genauso verplant.

Mein eigenes Leben fing eigentlich erst mit meiner Bundeswehrzeit an. Ich erfand immer wieder neue Ausreden, warum ich nicht nach Hause kommen konnte. Das Verhältnis zu meinen Eltern war auch in dieser Zeit immer gespannt.

Inzwischen hatte ich eine Freundin. Mit ihr zog ich in den Ort meiner Eltern. Im Zusammenleben merkte ich, wieviele Probleme ich durch die Trinkerei meines Vaters mitbekommen habe. Oft war ich ängstlich, unsicher, hatte Hemmungen. Beruflich ging es mir dagegen relativ gut.

Obwohl ich schon vierundzwanzig Jahre alt war, fuhr ich mit zum „Seminar für Kinder und Eltern". Vor dem Seminar hatte ich mich sehr selten mit den Problemen in meiner Familie auseinandergesetzt. Das Leben zu Hause habe ich einen Karneval genannt. Die Demütigungen und Bestrafungen gehörten dazu. Während des Seminars wurde mir nach und nach bewußt, was mir und meinen Geschwistern zu einer ganz normalen Entwicklung gefehlt hat. Wie Schuppen fiel es mir von den Augen und ich merkte, wie vieles in Ordnung kommen mußte. Aber ich hatte auch die Hoffnung, es nach und nach zu schaffen. Jahrelang hatte ich all das Unliebsame verdrängt, und nun war alles wieder so gegenwärtig, als sei es erst gestern gewesen.

Zum Glück waren da die anderen, die ähnliche Probleme hatten. Und wir hatten die Möglichkeit, über alles zu sprechen und fanden in den Therapeuten einfühlende und wegweisende Helfer. Monate hat es gedauert, bis ich einiges von dem, was ich mir vorgenommen hatte, ein wenig aufarbeiten konnte. Ich bin noch nicht am Ziel. Die Fortschritte sind oft gering, aber es geht aufwärts. Mir ist bewußt, daß ich gewisse Ängste vielleicht niemals überwinden werde. Ich hoffe, daß ich mit ihnen werde leben können. Aber ich habe durch die Gespräche und das Seminar gelernt, besser mit meinen Schwierigkeiten umzugehen, nicht mehr so viel zu verdrängen.

Vater lebt nach der Therapie alkoholfrei. Ich brauche mich seiner nicht mehr zu schämen. Ich habe jetzt keine Angst mehr, daß mich Leute darauf ansprechen, wie sich Vater wieder verhalten hat. Mitunter habe ich Angst um meine Mutter. Ob sie wohl mit Vater fertig wird? Denn er kann sehr eigensinnig sein. Manchmal fahre ich nach Hause, nicht um die Eltern zu besuchen, sondern um zu sehen, ob noch alles in Ordnung ist und ob sie nicht meine Hilfe brauchen. Eine gewisse Angst um Mutter steckt immer noch in mir. Ich möchte Vater mehr vertrauen können. Das wird aber wohl noch einige Zeit dauern.

Das Zusammensein mit anderen Leidensgenossen an dem Wochenende in Bensheim hat mir gutgetan. Ich freue mich, daß ich auch mit meinen Geschwistern offen über alles sprechen kann und daß wir uns gegenseitig unterstützen. So hoffe ich, daß wir nach und nach eine gesunde Familie werden.

Wen wünschen wir uns als Leserkreis?

Angehörige, besonders Kinder aus Familien mit einer Suchtproblematik, werden vieles in den Berichten finden, das ihnen bekannt ist. Darüber hinaus sollen Zusammenhänge erkennbarer und vielleicht auch Schritte planbarer werden, damit sie nicht selbst direkt oder indirekt in eine Abhängigkeitsproblematik hineingeraten. Und Eltern sollen angeregt werden, neu über ihre Verantwortung für ihre Kinder nachzudenken und Beziehungen neu zu ordnen.

Es gibt keinen Menschen, der nicht in seiner Familie, Verwandtschaft, Freundschaft, unter seinen Bekannten, Arbeitskollegen wenigstens einen Alkoholabhängigen oder Angehörige desselben kennt. Hier könnte das Buch helfen, mehr Verständnis für die Betroffenen zu gewinnen. Und Verständnis hat heilende Wirkungen, führt weiter, qualifiziert die Beziehung, hat auch einen bewahrenden Charakter. Ich hoffe, Leserinnen und Leser werden Mut gewinnen, Abhängigen und ihren Angehörigen vorurteils- und damit wertfreier zu begegnen.

Lehrer, Erzieher, Pfarrer, Ausbilder will das Buch vertraut machen mit den zumeist versteckten Nöten von Kindern aus Familien mit einem Suchtproblem. Sie brauchen dringend ihr Verständnis und Vertrauen.

Diejenigen, die beruflich als Berater und Therapeuten mit Alkoholabhängigen und ihren Angehörigen zu tun haben, sollen ermutigt werden, in ihr Bemühen um Hilfe die gesamte Familie gezielter und umfassender einzubeziehen.

Es ist notwendig, daß wir alle lernen, über das Geschehen Sucht sachkundiger zu werden, um sachlicher darüber sprechen zu können. Die vielen Witze über Trinker und ihre Familien, die entsprechenden Karikaturen, das Über-sie-Herziehen sind Ausdruck von Unwissenheit, Betroffenheit und dem Bedürfnis, angesichts dieser schwarzen Schafe selbst strahlend weiß zu erscheinen. Genau betrachtet ist der Suchtmittelabhängige in seinem Wesen nicht anders als jeder andere auch. Nur als Folge der Abhängigkeit erscheinen seine menschlichen Schwächen vergrößert wie unter einer Lupe.

Ich bin nicht der Meinung, daß Suchtmittelabhängigen und ihren Angehörigen nur durch Spezialisten geholfen werden kann. Jeder kann ihnen Nächster sein bei der Überwindung ihrer Not. Was wir dabei zu tun und zu lassen haben, dazu allerdings brauchen wir neben unserer Bereitschaft zur Nächstenliebe selbst Hilfe ähnlich der, die Menschen in den Erste-Hilfe-Kursen lernen.

Die Süchte breiten sich epidemisch aus. 1954 wurde in der alten Bundesrepublik Deutschland mit 200.000 Alkoholabhängigen gerechnet, 1992 mit bald zwei Millionen. Das ist eine Steigerung um 1000 Prozent. (Im vereinigten Deutschland werden 2,5 Millionen Alkoholabhängige angenommen.) In der Regel wird die Wirksamkeit des „Kurierens nach eigener Art" nicht hinterfragt, sondern das Mißlingen wird den Betroffenen als ein Nichtwollen, als ein „Du bist selbst daran schuld" angelastet. Wenn es gelingt, zu einer sachlicheren Betrachtensweise des Suchtgeschehens zu kommen, werden die direkt oder indirekt von der Sucht Betroffenen eher in der Lage sein, über ihre Problematik zu sprechen und sich helfen zu lassen. Das trifft auch auf die Kinder zu. Sie leiden sehr unter der Schmach, zu einer Trinkerfamilie zu gehören. Das behindert sie in ihrer Lebensentfaltung, bedingt Isolation und verstärkt das Entstehen von Minderwertigkeitskomplexen.

Bei der seuchenartigen Ausbreitung der Suchtmittelabhängigkeiten ist es dringend notwendig, daß die Unwissenheit über die Gefährdung durch Suchtmittel überwunden wird. Das muß bereits in den Elternhäusern, in Schulen und Jugendverbänden geschehen. Es muß den Heranwachsenden ein Wissen vermittelt werden ähnlich dem, wie sie sich vor anderen Krankheiten und Infektionen schützen können und was sie bei Erkrankungen zu tun haben.

So will das Buch zugleich ein Beitrag zur Suchtvorbeugung sein, damit die Zahl der Suchtmittelabhängigen zurückgeht. Es ist sinnvoller, dem Entstehen von Süchten vorzubeugen, statt sich vornehmlich auf die Behandlung der abhängig Gewordenen zu konzentrieren.

Die Kinder einbeziehen in das therapeutische Geschehen

Ein Umweg führt uns zum ersten Seminar für Kinder und Eltern

In der Therapie klagen Alkoholabhängige immer wieder, wie wenig sie sich von ihren Mitmenschen verstanden fühlen, wie sie von ihnen abgelehnt werden. Medikamentenabhängige werden eher toleriert und nicht diskriminiert. Von der Sache her gesehen handelt es sich bei ihnen genauso um eine Sucht wie auch bei Nikotinabhängigen. Es fehlt bei ihnen jedoch die soziale Auffälligkeit und die sich daraus ergebende moralische Wertung.

Uns wurde in der therapeutischen Arbeit nach und nach deutlich, daß die Alkoholabhängigen selbst wesentlich zum Abbau des Vorurteils, Alkoholismus sei eine „unanständige Erkrankung", beitragen können. Es galt zunächst, sie in der Therapie so zu festigen und zu motivieren, daß sie von sich aus den Kontakt zu ihren wichtigsten Bezugspersonen suchten. 1977 lud eine Gruppe von zwölf Alkoholabhängigen gemeinsam mit der Leitung des Hauses die wichtigsten Bezugspersonen aus ihrer Arbeitswelt, Freundschaft und Verwandtschaft zum ersten „Informationsseminar für strategisch wichtige Personen" ein. Erstaunlich war, daß neunzig Prozent der Eingeladenen kamen, auch wenn sie eine lange Anreise hatten. Dieses erste Seminar war ein voller Erfolg und ermutigte uns, weitere Seminare durchzuführen. So sind diese Seminare zu einem nicht mehr wegzudenkenden Bestandteil der Therapie geworden.

Inzwischen fordern wir die Abhängigen auf, zunächst mit ihren Familienangehörigen, besonders der Ehefrau, Rücksprache zu nehmen, um dann die für die Familie fünf wichtigsten Bezugspersonen einzuladen. Ziel des Seminars ist, Einsichten zu vermitteln in Hintergründe, die zur Sucht führen, und suchtbedingte Beziehungszusammenhänge in der Familie und auch zu anderen Menschen aufzuzeigen.

In der Regel hatten die Eingeladenen, wie auch die Familienangehörigen, versucht zu helfen, jedoch ohne Erfolg. So stellte sich die
Frage, ob ihre Art zu helfen richtig war. Inzwischen wissen wir,
daß sie das Gegenteil bewirkt hat. Sie hat das Suchtgeschehen ver-
längert und somit verschlimmert, auch für die Angehörigen. Die
Tragik ist, daß die Angehörigen, ohne es zu wissen, aktiv an ihrem
Elend mitgewirkt haben.

Wir „klugen" Therapeuten mußten uns durch die vierzehnjähri-
ge Angelika die Augen öffnen lassen, daß wir die Kinder als strategisch wichtige Personen übersehen hatten. Sie war – obwohl nicht
eingeladen – mit ihrer Mutter zum Seminar gekommen. Wir erlebten sie als eine sehr aufmerksame Zuhörerin, und anschließend bat
sie um ein Gespräch. Sie habe vieles gelernt und könne nun ihren
Vater, ihre Mutter und auch andere Zusammenhänge besser verstehen, äußerte sie.

Damit gab sie uns den entscheidenden Anstoß, sich verstärkt mit
der Situation der Kinder auseinanderzusetzen. Uns wurde klar, daß
wir die Kinder durch ein Kinder-Eltern-Seminar in das therapeutische Geschehen einbeziehen müssen. Es hat sich als sehr hilfreich
für die Kinder und auch für die Neuordnung der Beziehungen in
der Familie erwiesen.

Zum „Seminar für Kinder und Eltern" werden Kinder und Jugendliche im Alter von sieben bis zweiundzwanzig Jahren eingeladen. Auch ältere Kinder können daran teilnehmen, wenn sie es
wünschen. Sonst haben sie, so wie andere Verwandte, die Möglichkeit, am „Informationsseminar für strategisch wichtige Personen"
teilzunehmen. Wir kommen zusammen in

● Elterngruppen mit je zwei bis drei Ehepaaren,
● Kindergruppen jeweils für die 7- bis 11jährigen, 12- bis 15jäh-
  rigen, 16jährigen und älteren,
● in Familiengruppen,
● im Plenum.

Bei den sieben- bis elfjährigen Kindern überwiegt die spielerische
Gestaltung mit Hilfe von Figuren und anderen Materialien. Als
Einstieg für die beiden anderen Gruppen hat sich nach einem Spa-
ziergang für alle Kinder und Jugendlichen ein Gespräch mit jeweils

zwei Alkoholabhängigen aus der Therapeutischen Gemeinschaft*
bewährt, die sich dafür freiwillig zur Verfügung stellen. Es ist den
Jugendlichen leichter, mit einem Fremden über die Erfahrungen
der Alkoholabhängigkeit zu sprechen, als mit dem eigenen Vater.
Im weiteren Verlauf wechseln Gruppengespräche und Rollendar-
stellungen ab. In allen Gruppen entsteht verhältnismäßig schnell eine große Offenheit.

In allen Gruppen werden Bilder gemalt zum Thema: „Wie wün-
sche ich mir meine Familie nach der Rückkehr des Vaters aus der
Therapie, und wo sehe ich meinen persönlichen Raum in ihr?" Die
Bilder dienen vielfach als Einstieg in das Familiengespräch am letz-
ten Tag des Seminares. Gemeinsam suchen wir nach Wegen zur
Neugestaltung der Beziehungen, auch mit Hilfe von Rollenspielen.

Im Mittelpunkt der Seminare stehen die Kinder mit ihrem Anspruch auf ein Elternhaus, das sie in ihrer Lebensentfaltung fördert. Immer wieder erleben wir, wie schwierig es den Kindern wird,
sich mit ihren Wünschen an dem Machbaren zu orientieren. Sie
wissen vielfach nicht, wie ein „normales" Familienleben aussieht.
Von daher kommt es zu überzogenen und nicht kindgemäßen Vorstellungen und Erwartungen.

Marlenes Bild

Marlene ist neun Jahre alt. Sie wirkt viel älter, besonders ihr Gesicht.
Ihr Bruder Jürgen ist sieben Jahre, Oliver fünf. Das Bild soll die
Familie nach der Rückkehr des Vaters aus der Therapie darstellen.
Aber da ist nur Marlene zu sehen. Sie sieht gar nicht so unglücklich
aus. Fest steht sie auf den Planken des Schiffes. Die Wellen scheinen
sie nicht zu beeindrucken. Sie hat schon ganz andere Stürme in den
neun Jahren ihres Lebens erlebt und überstanden. Nach den Eltern
und Geschwistern gefragt, sagt sie: „Meine Eltern und Geschwister
sind im Boot, und ich passe auf, damit nichts passiert." Auch hat

---

*In einer Therapeutischen Gemeinschaft ist die gegenseitige Förderung und
Festigung des geistig-seelischen, sozialen und körperlichen Befindens das
entscheidende Kriterium für das Zusammenleben.

Zu dem Thema: „Wie stelle ich mir unser Familienleben nach der Rückkehr des Vaters aus der Therapie vor?" malte Marlene, 9 Jahre, dieses Bild und sagte dazu: „Meine Eltern sind im Boot, und ich passe auf, damit nichts passiert."

sie bereits für die Katastrophe vorgesorgt, sollte das Schiff untergehen: Sie hat nicht vergessen, das Rettungsboot zu zeichnen.

Mit den Eltern haben wir in Ehepaargesprächen oft über dieses Bild gesprochen. Sie waren erschrocken über ihre brave Marlene, die bislang so wenig hat Kind sein dürfen. Ihnen wurde ihre Verantwortung für ihre Kinder deutlich, aber auch die Notwendigkeit, weiter Ehepaartherapie in Anspruch zu nehmen. Bei aller fachlichen Hilfe für die Kinder bleiben immer noch die Eltern die besten „Therapeuten" ihrer Kinder, wenn sie sich selbst haben helfen lassen.

„In der Gruppe konnte ich offen sein" (Oliver, 19 Jahre)

Die Einladung zum Kinder-Eltern-Seminar ist gekommen. Meine Schwester und ich sind persönlich eingeladen worden. „Ja, muß ich denn da hin?" frage ich die Mutter. „Na ja, wenn ich nicht hingehe, sieht es blöd aus. Dein Ehefrauen-Seminar war doch ganz gut, Mutter, oder? O.K., ich fahre mit."

Ich habe es nicht bereut. Im Seminar machte ich einige für mich sehr wichtige Erfahrungen. Endlich konnte ich mit jungen Leuten ungezwungen und ohne mich schämen zu müssen, über vieles reden, das mich belastete. Ich erlebte, welch tolles Gefühl es ist, mit anderen Kindern und mit Therapeuten über die Probleme zu reden, die sich im Laufe der Jahre angesammelt haben. Und ich merkte, ich bin nicht allein, den anderen geht es genauso. Wir tauschten Erlebnisse, Probleme und Erfahrungen aus. Das tat gut! So etwas kannte ich bislang nicht. Sonst hatte ich alles für mich behalten.

Als es zum Familiengespräch mit einem Therapeuten kam, war uns allen bange. In der Gruppe mit anderen Jugendlichen konnte ich offen sein, wie sie auch. Aber nun, im Kreis der Familie? Da saßen wir nun als Familie. Vater mir gegenüber, daneben die Mutter, auf der anderen Seite die Schwester. Ich hatte nun die Gelegenheit, Vater zu sagen, was ich ihm schon immer sagen wollte. Mit Hilfe von Holzklötzchen – sie stellten Vater, Mutter und Kinder dar – konnte ich verdeutlichen, wie ich unsere Familie erlebt habe. Daran schloß sich ein Gespräch an. Endlich!

Es gibt aber noch einen Platz in mir, wo ich niemanden reinsehen lasse. Vielleicht finde ich irgendwann mal einen Menschen in meinem Leben, mit dem ich dann auch darüber sprechen kann.

Ich kann meinem Vater noch nicht alles verzeihen, was er mir in den zehn Jahren seines Trinkens angetan hat. Er hat in mir viel Schaden angerichtet. Ich bin ein Spezialist im Verdrängen geworden. Ich mußte immer „Fugenfüller" sein. Ich durfte keine Gefühle zeigen und konnte das auch bisher nicht so richtig. Ich mußte zu früh erwachsen werden. So muß ich denn mein Leben leben: einerseits als der seelische Krüppel, zu dem Vater mich gemacht hat, andererseits mit vielen guten Erfahrungen und Erlebnissen. Dazu gehören auch Leute, die ich in der Therapiezeit meines Vaters als Ehemalige traf. Ich erlebte sie als zufriedene Menschen. Das gab mir Hoffnung.

Einige Zeit nach der Rückkehr des Vaters aus der Therapie fragte mich ein Bekannter: „Und was macht dein Vater? Ist er wieder daheim?" – „Ja, seit zwei Monaten schon." – „Wie geht es daheim?" – „Ja, es geht so." – „Was geht so? Geht es so wie früher weiter?" Ich war froh, antworten zu können: „Vater trinkt nicht mehr."

Über das Alkoholproblem wird bei uns kaum geredet. Das mag Vater nicht. Daß er sich jetzt mehr um uns kümmert, kann ich auch nicht sagen. Hat also die Therapie doch nicht viel genutzt? Doch! Mein Vater kommt nicht mehr betrunken heim, und wir brauchen uns seiner nicht mehr zu schämen. Bislang ist er noch kein vorbildlicher Familienvorstand, der sich für unsere Probleme interessiert. Wir sind aber auch ohne ihn erwachsen geworden. Er lebte neben uns her.

Mein Vater ist immer noch ein Mensch mit vielen Fehlern. Aber man kann jetzt mit ihm über mancherlei reden, was früher unmöglich war. Wenn er halt lieber Fernsehen schaut, als mit der Familie ein Gesellschaftsspiel zu machen, dann soll er es tun. Ich denke, man muß ihm Zeit lassen, erwachsen zu werden. Ich brauche jedoch jetzt keine Angst mehr zu haben, wie es daheim zugeht, wenn ich nicht zu Hause bin. Ich brauche jetzt nicht zurückzustehen, wenn andere von ihren Vätern erzählen. Ich kann Freunde einladen und mit nach Hause bringen, ohne Angst haben zu müssen vor peinlichen Vorfällen.

Oliver braucht mehr als einen „trockenen Vater"

Nicht selten sind die Erwartungen der Angehörigen, so auch der Kinder, an einen Erfolg der stationären Therapie sehr hoch. Sie haben von anderen gehört, daß nach der gelungenen Therapie das Leben in der Familie ganz anders geworden ist. Das beschreibt auch Oliver. Er braucht sich jetzt keine Sorgen zu machen, wie es daheim zugeht, wenn er als das älteste der Kinder nicht da ist. Er kann jetzt Freunde einladen, ohne Angst haben zu müssen vor peinlichen Vorfällen. Er muß in Gesprächen mit anderen die Wirklichkeit im Elternhaus nicht mehr verleugnen. Was Oliver als Veränderung so positiv herausstellte, ist jedoch für andere Kinder in ihrem Elternhaus eine Selbstverständlichkeit.

Dann aber erzählt er uns ein wenig von seinen tief in ihm liegenden Nöten. Er kann dem Vater noch nicht alles verzeihen, der ihn zu einem seelischen Krüppel gemacht hat und auch heute noch ein Spezialist im Verdrängen ist. Dabei ist Oliver im Beruf tüchtig und erfolgreich. Dennoch bringt er Verständnis für seinen Vater auf: „Ich denke, man muß ihm Zeit lassen, erwachsen zu werden."

Seit dem neunten Lebensjahr kennt Oliver seinen Vater als Alkoholiker. Gut wäre es, wenn der Vater sich ihm mit seiner Entwicklungsgeschichte voll offenbaren würde. Aber dazu braucht er gewiß noch Zeit. Was ein Leben lang schiefgelaufen ist und in die Sucht einmündete, braucht gleichfalls Zeit zur Heilung. Auch eine sechsmonatige intensive Therapie kann dazu allenfalls ein Anfang sein. Eine abstinente Lebensweise ist dafür eine wichtige Voraussetzung. Der „trockene Alkoholiker" als Therapieziel ist mehr als vereinfachend und irreführend. Den „trockenen Vater" hat Oliver, aber er braucht mehr, um selbst zu gesunden. Das gilt auch für seine Mutter und seine Schwester.

Wenn der Vergleich auch hinkt, so will ich ihn dennoch wagen: Eine Folge der jahrzehntelangen Umweltbelastung ist u. a. das Waldsterben. Gewiß kann man einzelnen Bäumen helfen, auch solchen, die bereits in eine durch die Umwelt geschädigte Erde gepflanzt worden sind. Vielleicht werden sie dann die Umweltbelastungen ertragen können. Das eigentliche Problem jedoch ist damit nicht gelöst. Es ist weitaus vielschichtiger, als an den einzelnen kranken Bäumen zu sehen ist.

Ähnlich ist es dort, wo Alkoholabhängigkeit vorliegt. Bei aller Würdigung der Verantwortlichkeit muß in Diagnose und Therapie der alkoholabhängig Gewordene in seinem Vernetztsein zu seinen wichtigsten Beziehungspersonen des sozialen Umfeldes gesehen werden. Unbewußt und ungewollt fördern sie seine Suchtentwicklung und halten sie aufrecht. Mit dem „Trockenwerden" ist die Gesamtproblematik in ihrer Vielschichtigkeit noch nicht gelöst.

In den Berichten äußern sich Jugendliche verzweifelt über ihre Mutter, über ihre „heimliche Sucht, gebraucht zu werden" (Norwood). Damit ist das überaus starke Bedürfnis gemeint, immer ein „Betreuungsobjekt" haben zu müssen zum Ausgleich eines behinderten Selbstwertgefühls. Es lohnt sich, über die Frage nachzudenken, ob nicht zu dem Alkoholabhängigen mit seiner öffentlich gewordenen Sucht nach Alkohol eine Partnerin gehört mit der heimlichen Sucht, gebraucht zu werden. Kommen nicht beide bei ihrem Versuch, ihre Selbstwertproblematik zu lösen, in eine abhängige Beziehung hinein, der eine zum Alkohol, der andere zu seinem Betreuungsobjekt? Wird nämlich nicht beiden geholfen, so besteht die Gefahr, daß nach einer wirklich gelungenen Therapie der Alkoholabhängige aus der Rolle des Betreuungsobjektes auszusteigen vermag, dafür jedoch dem nächstschwächeren Glied in der Familie diese Rolle zugewiesen wird.

In meinem Buch „Der Kuß der Selene" berichten Frauen von Alkoholabhängigen auch über ihre Sorgen um Fehlentwicklungen bei ihren Kindern, ihrem Verhaftetbleiben in Suchtstrukturen. Während für die männlichen Nachkommen die Gefahr größer ist, selbst in eine stoffgebundene Suchtproblematik hineinzugeraten, finden wir bei Mädchen eher die Tendenz, eine Verbindung mit einem Mann einzugehen, der suchtmittelgefährdet oder suchtmittelabhängig ist oder andere psychosoziale Probleme hat. So stellt sich in diesem Buch auch die Frage, ob diese negative „soziale Vererbung" als Schicksal hingenommen werden muß oder überwunden werden kann.

„Ich glaube doch, es ist ein Wunder"
(Annemarie, 24 Jahre)

In der Therapie meines Vaters begann sich auch für mich vieles zu ändern. Er schrieb mir liebe Briefe, nicht nur einen Gruß, den er über die Mutter bestellen ließ. Er erzählte mir von sich und bat mich auch um Entschuldigung für vieles, was er mir und auch der Mutter angetan hatte. Er machte das nicht nur allgemein, sondern er schrieb auf, was ihm im einzelnen einfiel. Das war mir manchmal fast peinlich. Aber es war gut, daß er es getan hat. Es war gut, vor allen Dingen für ihn, aber auch für mich.

Ich konnte die Veränderung manchmal nicht glauben. Ich hielt es wieder für leere Versprechungen. Es war ja früher so schwer gewesen, bei meinem Vater zwischen Wahrheit und Lüge zu unterscheiden.

Mutter nahm mich zu einigen Besuchen in die Klinik mit. Da gewann ich Hoffnung, trotz meiner Zweifel. Im Kinder-Eltern-Seminar konnten wir ganz offen in Gegenwart eines Therapeuten über unser Familienleben und jeden einzelnen von uns sprechen. Und da merkte ich, wie Vater sich um Mutter und um mich bemühte.

Auch in der Therapie erlebte ich, daß er mich nicht von der Seite der Mutter verdrängen wollte. Das rechne ich ihm hoch an. Ich weiß, daß in der Therapie über solche Dinge gesprochen wird. Nun sind wir mehr wie ein Kleeblatt, dessen Blätter von einer Mitte zusammengehalten werden. Für mich ist es wie ein Wunder, daß es so geworden ist. Vielleicht ist es wirklich ein Wunder von Gott.

Dieses Wunder des dreiblättrigen Kleeblattes hat mir auch die Freiheit gegeben, die Kindheit nachholen zu können. Ich kann heute fröhlich und ausgelassen sein wie Fohlen auf der Weide bei unserem Nachbarn. Und ich nehme mir heraus, über das Ziel zu schießen, lasse einfach meinen Wünschen und Gefühlen freien Lauf. Vielleicht denken andere, was ist die doch noch kindlich. Aber das stört mich nicht. Es tut mir gut, so zu sein. Ich habe da Nachholbedarf, was auch meine Eltern tolerieren. Nur manchmal bin ich wieder einsam, und dann melden sich die alten Minderwertigkeitskomplexe. Auch denke ich, daß die Eltern doch weit weg von mir sind. Aber ich kann ihnen das dann sagen. Sie verstehen mich.

Auch habe ich eine Freundin, zu der ich ganz offen sein kann. Durch sie habe ich Zugang zu der Jugendgruppe in unserer Kirchengemeinde gefunden. Wir haben viele Gemeinsamkeiten, fragen aber auch nach Sinn und Ziel für unser Leben. Wir orientieren uns an den Aussagen der Bibel. Ich denke, daß diese Gemeinschaft wesentlich dazu beitragen wird, daß das Gefühl, auch heute noch gelegentlich die alte Annemarie zu sein, immer mehr zurückgehen wird. Ich denke, alles braucht seine Zeit.

Zum Schluß möchte ich noch erwähnen, daß wir zu Hause wieder Gäste haben, Gäste der Eltern und meine Gäste. Sie kommen gerne. Und keiner von uns braucht sich mehr zu schämen. Im Gegenteil: Das abstinente Leben ist bei uns zu einer Selbstverständlichkeit geworden. Ich fühle, wie Dankbarkeit in meinem Herzen wächst, die die Angst und die Minderwertigkeitsgefühle vertreibt. Ich glaube doch, es ist ein Wunder.

liebes Therapeuten-Team,

mit diesem Brief möchte ich mich nochmal ganz herzlich bedanken, bei all denjenigen, die das Kinder-Eltern-Seminar mit ihrer Hilfe unterstützt haben.
Ich habe nie für möglich gehalten, daß ein Wochenende genügt, um meine ganze Einstellung gegenüber einer Person, meine Meinung so verändern kann, wie es dieses Wochenende der Fall war.
Ich habe meinen Vater und meine Mutter schon ewig nicht mehr gesehen, wie an diesem Abend. So ausgelassen und gutgelaunt, obwohl der andere Partner dabei war!
Dieses Wochenende am Kinder-Eltern-Seminar war für mich, wie wenn ich durch ein Schlüsselloch schon mal ein Stück in die Zukunft spähen würde. Und ich muß sagen, mir hat gefallen was ich gesehen habe. Ich habe mich wohlgefühlt.

Jetzt fällt es mir auch leichter nicht mehr mit Unbehagen daran zu denken, wenn mein Vater heimkommt. Irgendwie habe ich das Gefühle, daß ich eines Tages sagen kann, wir sind eine glückliche Familie, es soll schon von Zeit zu Zeit mal knallen, aber nur, um die Luft wieder zu bereinigen.

ZUVERSICHT

Manchmal
fühle ich mich wie ein Baum,
von dem fast alle Blätter
gefallen sind.

Aber jetzt macht es mir
keine Angst mehr,

Weiß ich doch
um meine Kraft,
neue Blätter zu treiben.

Diesen Brief schrieb Sonja nach dem Eltern-Kinder-Seminar

Verleugnung und Abwehr bestimmen das Verhalten von Abhängigen und Angehörigen

Auf der Flucht vor der Annahme seiner Wirklichkeit leugnet der Alkoholabhängige sowohl in der Familie wie in der Gesellschaft sein unkontrolliertes Trinken. Das gelingt ihm in der Gesellschaft eher und länger als in der Familie. Er erfindet tausend Ausreden, warum er trinkt, und verspricht Besserung. Das kann er jedoch nicht durchhalten, und so gilt dann eher in der Familie das, was Wilhelm Busch so ausdrückt: „Ist der Ruf erst ruiniert, so lebt es sich ganz ungeniert." Nach außen hin wird er von seinen Angehörigen gedeckt. Sie bauen eine Fassade auf, wie auch er. Sie haben Angst, als Familie mit einem alkoholabhängigen Ehemann und Vater erkannt zu werden. Dadurch würde ihr Selbstgefühl noch mehr leiden. Und so ist es nicht selten, daß die Angehörigen einander beargwöhnen, kontrollieren, damit nur nichts nach außen dringt. Die Angehörigen verzweifeln an der Unwahrhaftigkeit des Alkoholabhängigen und leben sie selbst gegenüber anderen. So sitzen sie mit ihm in einem Boot. Auch er selbst ist darauf bedacht, daß durch niemanden etwas davon nach außen dringt, wie es tatsächlich in der Familie aussieht.

„Wie sollte ich die Schizophrenie, in der ich täglich lebte, jemandem klarmachen?"
(Sonja, 19 Jahre)

Erst langsam wird mir bewußt, wie die Alkoholabhängigkeit meines Vaters meine eigene Entwicklung beeinflußt hat. Warum gebe ich mich öfter anders, als ich bin? Warum versuche ich, meine Probleme hinter Lachen zu verstecken und zu verdrängen? Genaueres über mein Gefühlsleben erfährt nur der, bei dem ich mein Vertrauen bestätigt gefunden habe. Über die Sucht meines Vaters habe ich von Kindheit an nur mit meiner Mutter gesprochen.

Ich bin in mein Erwachsensein hineingedrängt worden. Ich mußte immer stark sein und durfte niemanden merken lassen, was sich in unserer Familie wirklich abspielte. Kam es dann doch vor, daß Freunde oder Bekannte meinen Vater in völlig betrunkenem Zustand erlebten, mußte ich Ausreden erfinden. Wie sollten Bekannte die Wahrheit verstehen und akzeptieren, wenn es selbst engste Verwandte nicht konnten? Nicht einmal ich selber konnte es ja! Trotzdem war es manchmal regelrecht deprimierend, wie selbst die eigene Tante ab und zu hat durchblicken lassen, daß meine Mutter und ich übertrieben reagieren würden.

Aber wie sollte ich die Schizophrenie, in der ich täglich lebte, jemandem klarmachen? Wem hätte ich erzählen können, daß mein Vater ständig mitten in der Nacht betrunken heimkommt, mit meiner Mutter aggressiv umgeht, stundenlang herumbrüllt, wild Bilder von der Wand reißt und Obszönitäten von sich gibt? Das war die Regel. Es kam auch vor, daß meine Mutter und ich vor Sorge nicht schlafen konnten und stundenlang warteten. Wenn dann irgendwann das Telefon schrillte, schauten wir uns beide ängstlich an, bevor Mutter den Hörer abhob. Meistens waren es irgendwelche Kneipenbesitzer, die sagten, man solle den total besoffenen und randalierenden Mann abholen. Natürlich sprang meine Mutter sofort ins Auto, mußte die peinliche Situation durchstehen, bis wir endlich unseren „Vater" wieder daheim hatten.

Oder der Anruf kam vom Krankenhaus, mein Vater sei gestürzt und müsse genäht werden. Als meine Mutter zum ersten Mal ins Krankenhaus fuhr, bekam sie einen Nervenzusammenbruch, von dem sie sich nur sehr schwer wieder erholte. Darum bin ich dann die weiteren Male ins Krankenhaus gefahren, um meinen Vater abzuholen. Ich werde nie vergessen, wie er dasaß, mit glasigen Augen, blutverschmiert und ekelerregend schwafelte. Der Arzt hielt mich wahrscheinlich für asozial. Wie hätte ich ihm erklären sollen, daß wir nur deswegen mit diesem Mann noch zusammenlebten, weil wir trotz aller Schikanen die Hoffnung hatten, daß eines Tages alles so sein würde wie früher, als er noch nicht getrunken hat? Oder zumindest nicht in dem Maße wie in den letzten zehn Jahren.

Es tat mir so weh, mitansehen zu müssen, wie meine Mutter immer schwächer wurde – und doch stark genug war, diesen Psychoterror auszuhalten. Meine Mutter opferte sich auf für mich – und später für meine Schwester.

Auf der anderen Seite war da Vater, der im betrunkenen Zustand tobte, herumschrie, widerlich war und meine Mutter mißhandelte. Ich merkte immer mehr, wie sich in mir Haß gegen diesen Mann, meinen Vater, aufbaute. Es war peinlich zu sehen, wie der Vater immer mehr von seiner Persönlichkeit verlor. War er nüchtern, entschuldigte er sich den ganzen Tag – und kam dann mitten in der Nacht eben doch wieder laut lärmend heim. Manchmal auch im Polizeiauto. Der Blick in die Gesichter der Nachbarn wurde immer mehr zur Qual. Was wissen sie? Wie fassen sie es auf? Wem erzählen sie es weiter? Fragen, auf die wir lieber keine Antworten wollten, die aber einen beständigen psychischen Druck erzeugten.

Ein fröhliches Beisammensein mit Freunden konnte ich nicht mehr richtig genießen. Ich schwebte ständig in Angst davor, wie mein Vater heimkommen würde. Meistens kam er dann mit großem Hallo und merkte nicht, wie die Runde immer stiller und mir immer mulmiger wurde. Dann ein hilfloses Lächeln zum Abschied – und der Terror konnte im Familienkreis weitergehen.

Immer mehr verabscheute ich meinen Vater und lehnte ihn ab. Als es dann darum ging, ob er eine Therapie machen sollte oder ob Trennung angesagt wäre, habe ich insgeheim gehofft, meine Mutter würde sich zur Trennung entschließen. Was fing ich mit einem Vater an, zu dem ich nicht aufblicken, den ich nicht respektieren und lieben konnte, einem Vater, der viel zu weit von mir weg war, um mir helfen zu können, meine eigenen Probleme zu lösen?

Ich wollte meine Mutter auch nicht belasten. Also habe ich meine Probleme verdrängt. Ich habe mir eine rosa Brille gebastelt und immer gelacht. Heute merke ich, daß ich auch dann lache, wenn ich wirklich weinen sollte. Nur wenn ich eine brutale Wut habe, schießen mir die Tränen in die Augen. Ich habe nicht gelernt, zu weinen, wenn ich traurig bin. Was außer Spott hätte es gebracht, wenn ich vor meinem Vater geweint hätte? Hätte es meine Mutter nicht noch mehr belastet? Also habe ich versucht, alles cool zu überspielen. Bis heute.

Da sind noch tiefe Täler zu durchwandern

„Wenn jeder hätte vor der Stirn
aus hellem Glas ein Fensterlein,
dahinter die Gedanken schwirr'n
und jeder könnte seh'n hinein;
ach, was gäb' das für ein Laufen,
um matte Scheiben einzukaufen!"

Diesen kleinen Liedvers lernte ich vor längerer Zeit. Humorvoll bringt er zum Ausdruck, wie wir mit dem, was wir denken und fühlen, umgehen. Was geordnet ist, brauchen wir vor niemandem zu verbergen. Aber mit Gedanken, die um Sorgen und Probleme „schwirren", bleiben wir lieber allein, verbergen sie hinter „matten Scheiben".

Menschen klagen, daß sie niemanden haben, der für sie Zeit hat, ihnen zuhört. Aber liegt es nur an den anderen? Öffnet man sich wirklich, wenn jemand bereit ist, auf die eigenen Sorgen und Nöte einzugehen? Und wie lange braucht es dann, bis man über das Eigentliche spricht, das mit diesen Nöten in einem Zusammenhang steht?

Sonja hat uns in ihr Inneres hineinblicken lassen, hat die „matte Scheibe" durch eine helle ersetzt. Sie hat die Abwehr, „wie's da drinnen aussieht, geht niemand was an", aufgegeben. Warum tat sie das in dieser schonungslosen Offenheit, auch wenn niemand außer mir weiß, wer Sonja ist?

Als wir miteinander sprachen, merkte ich, daß sie wie ein Vulkan kurz vor dem Ausbruch war. Sie schreibt: „Ich versuche, alles cool zu überspielen, bis heute." Gut, daß sie das in der Gemeinschaft mit denen, die ähnliche Probleme wie sie hatten, nicht geschafft hat. Das war ein guter Anfang.

Anders erlebte ich Sonja, als sie zusammen mit ihrer Mutter den Vater zum Therapiebeginn begleitete. Damals beherrschte sie die Maskerade vorzüglich. Sie ließ sich überhaupt nicht anmerken, wie sehr sie litt. Allerdings kannte sie uns auch nicht, konnte nicht wissen, ob wir ihres Vertrauens würdig sind. Von dem Arzt im Krankenhaus, in das der Vater betrunken und verletzt eingeliefert wurde, nahm sie an, daß er sie für asozial hielt. Ihr Vater verhielt sich allerdings auch wie ein Asozialer: Er lebte ohne Rücksicht auf das Wohlergehen und Ansehen seiner Familie. Sonja bot alles auf, um in diesen Eindruck nicht mit einbezogen zu werden. Sie war immer gepflegt, verhielt sich korrekt und war sehr freundlich.

Beim Familienseminar erlebte ich erstmals einen Widerspruch bei Sonja. Sie wagte, ein wenig von ihren Nöten zu erzählen, und lächelte dabei. Ihre Mimik und die Bedeutung ihrer Worte stimmten nicht überein. Genau darin kam ihre eigene Befindlichkeit, ihre Fassadenhaltung zum Ausdruck.

Am Wochenende in Bensheim konnte sie weinen, als sie erzählte, wie sehr sie unter dem Vergangenen leide und daß ein neues Miteinander mit dem Vater sich bislang nicht abzeichne. Zu fremd waren sie sich geworden und zu tief waren ihre Wunden damals noch.

Sonja habe ich nicht wieder getroffen, jedoch vor einiger Zeit ihren Vater. Er wußte zu berichten, daß Sonja damals in Bensheim einen wichtigen Schritt gemacht hatte, um sich öffnen zu können. Gelegentlich macht er mit ihr längere Spaziergänge und auch Wanderungen. Dabei „durchwandern" sie auch tiefe Täler und Schluchten aus der Zeit, in der er noch trank.

„Manchmal reden wir im Gehen vor uns hin, schauen uns lange Zeit nicht an. Hinterher haben wir das Empfinden, daß wir dabei ein Stück schwierigen Weges in der Bewältigung der Vergangenheit hinter uns gebracht haben", sagte der Vater. Verleugnung und Abwehr des suchtbedingten Geschehens in der Vergangenheit können vom Vater nach und nach aufgegeben werden, und an ihre Stelle treten nun Offenheit und Zuwendung.

So brave Kinder habe ich als Gruppe noch nie erlebt

Mit dem Leiter einer Beratungsstelle führte ich in der Jugendherberge seiner Stadt ein Kinder-Eltern-Seminar durch. Es kamen acht Elternpaare und zwanzig Kinder. Die Heimleiterin befürchtete, es kämen „Trinkerkinder", vor denen nichts sicher sei. Sie wartete förmlich, daß etwas passieren müsse. Aber es passierte nichts. Zum Schluß lobte sie die Kinder: „So brave Kinder habe ich als Gruppe noch nie erlebt." Das tat den Kindern wohl und den Eltern auch. Sie hatte recht und doch völlig unrecht. Es waren Kinder, die sich nicht gaben, wie es in ihnen aussah, sondern sich mühten, brave Kinder zu sein. Das ist ihr Schauspiel, das sie jahrelang in ihrer Umwelt spielen, in der Nachbarschaft, bei Freunden, in der Schule, in der Lehre, im Sportklub. „Heile Welt" spielen, das ist der Tenor ihres Lebensdrehbuches. Und wegen ihrer Aufopferung, Selbstlosigkeit, Anpassung werden sie gelobt. „Ein so braves, fleißiges Mädchen", „ein so einsatzbereiter Bub", und dabei ist vielen bereits der Wille, „das Rückgrat" gebrochen. Sie haben Angst anzuecken, aufzufallen, die Nähe des anderen zu verlieren, sagen ja, wo sie nein sagen sollten.

„Ich behalte meine Gefühle für mich"
(Beate, 26 Jahre)

Beate, die jetzt in Australien lebt, schreibt ihren Eltern:
Zu Eurer Frage nach meiner Kindheit. Ehrlich gesagt, es hat mich etwas geschockt, daß ihr mich gefragt habt. Die Erinnerung daran ist bisher für mich tabu gewesen. Ich hätte sie gerne vergessen. Aber sie löst sich nicht einfach in Luft auf. Ich weiß nicht so recht, ob ich darüber schreiben möchte. Versucht, nicht allzu verletzt zu sein. Es ist Vergangenheit, worüber ich jetzt schreibe.

Versetzt Euch mal in die Zeit, als Vati wirklich schlimm getrunken hat. Ich war ungefähr vierzehn Jahre und Ralf drei Jahre alt. Vati ist viel ausgegangen, Mutti war immer zu Hause. Ihr habt Euch ständig gestritten und auch einige Male wegen mir. Aber nie wegen Ralf! Ich war sehr eifersüchtig auf Ralf, weil er so klein war und Mutti die letzte Liebe, die sie aufbringen konnte, ihm gegeben hat.

Wenn ich aus der Schule kam, habe ich Mutti ständig verärgert oder traurig gesehen. Mutti, Du hattest das Lachen verlernt – verständlicherweise. Ich habe Sachen gehört, die nicht für meine Ohren bestimmt waren, denn Mutti hat mich mehr oder weniger ins Vertrauen gezogen, sich ausgesprochen. Mutti, ich weiß, wie Dir zumute war, aber damals war ich zu klein dafür. Eine lange Zeit habe ich wirklich gedacht, Du magst mich nicht mehr. Und auf einmal war ich ganz allein und traute mich nicht, darüber zu sprechen. Ich bekam Angst, warum, kann ich nicht genau sagen. Und dann hatte ich Angst, Ihr würdet Euch scheiden lassen. Ich hatte Euch doch beide sehr gern! Mein einziger Ausweg war, mich von Euch total zurückzuziehen. Die Probleme, die ich hatte, mußte ich selbst bewältigen. Ich hatte kein Vertrauen mehr zu Euch. (Ich weiß, das alles tut Euch furchtbar weh, aber vielleicht versteht Ihr mich dadurch besser.) Ich konnte nicht mehr zu Hause bleiben. Deshalb bin ich so viel weg gewesen.

Später wurde ich mehr und mehr zornig, widerspenstig und eigensinnig. Ich zog mich zurück, was wirklich Gift für junge Leute ist. Wenn ich ausging, habe ich gelogen, weil ich einfach nicht darüber diskutieren wollte. Ich glaube, ich war so auf mich selbst gestellt, daß Ihr gar nichts von mir mitbekommen habt. Ich hatte meine Probleme und Ihr hattet Eure. Meine Freunde hatten ein relativ gutes Verhältnis zu ihren Eltern, und ich hatte gar keines!

Dann, als Vati zur Kur ging, es besser wurde und er heimkam, dachtet Ihr, daß wir ganz von vorne anfangen könnten. Aber ich war verbittert, ich wollte oder konnte nicht alles vergessen. Ich bin zu schnell erwachsen geworden und konnte damit nicht fertigwerden. Das hat mich sehr hart gemacht. Bis auf den heutigen Tag behalte ich meine Gefühle für mich, das ist viel sicherer – wenigstens manchmal. So haben andere Leute keine Gelegenheit, mir weh zu tun. Sehr selten lasse ich meine Maske fallen.

Bitte vergebt mir, wenn ich Euch damit weh tue. Heute verstehe ich Euch sehr gut. Bitte vergebt mir! Bitte fragt mich jederzeit, wenn etwas verwirrend oder unverständlich ist.

Miteinander sprechen

Dieses Gespräch in brieflicher Form begann zwölf Jahre nach der Therapie. Angeregt durch positive Erfahrungen anderer Ehepartner beim Kinder-Eltern-Seminar, wagten die Eltern, Beate anzuschreiben. Nun konnte sie sagen, was sie bislang ihren Eltern verschwiegen hatte. Später teilte sie den Eltern mit, ihr Mann sei alkoholabhängig und das Familiendrama wiederhole sich auch für sie und ihre zwei kleinen Kinder. Beate schloß sich einer Angehörigengruppe der Anonymen Alkoholiker an und sucht dort Hilfe. Wie gut, daß sie sich jetzt von ihren Eltern verstanden weiß. Sie haben sie inzwischen in Australien besucht.

Schade, daß wir erst unmittelbar nach Therapieende von Beates Vater mit den Kinder-Eltern-Seminaren begonnen haben. Vielleicht wäre es schon damals zum Gespräch zwischen Beate und ihren Eltern gekommen, und ihre Beziehung zueinander wie auch das Leben jedes einzelnen hätten heilen können.

„Wir lebten wie in einem Gefängnis" (Peter, 20 Jahre)

Es war für die ganze Familie eine große Schande, daß Vater trank. Mutter weinte viel. Kam aber Besuch, versuchte sie die „Strahlefrau" zu sein. Wir mußten die fröhlichen Kinder sein. Ist es denn so schlimm, daß Vater mal zuviel trinkt, dachte ich, als ich kleiner war. Dann aber lernte ich mit den Jahren, daß Trinken etwas sehr Übles ist, über das ich mit niemandem sprechen durfte, auch nicht mit meinen Onkeln und Tanten, meinen Vettern und Basen oder meinen Freunden.

Vater kam in der Regel gegen achtzehn Uhr heim. Normal hätte er eine Stunde früher zu Hause sein müssen. Wo er eingekehrt ist, weiß ich nicht. Jedenfalls hatte ich bis zu seiner Heimkehr dafür zu sorgen, daß meine Freunde unsere Wohnung verlassen hatten. Was habe ich da nicht alles an Ausreden erfunden! Ich glaube, ähnlich viele wie Vater für sein Trinken. Mitunter half mir Mutter dabei. Meine Geschwister verhielten sich ähnlich. Ganz schlimm war es für uns alle, als Vater einmal angetrunken bereits gegen siebzehn Uhr heimkam und die Freunde noch bei mir waren.

Ich entwickelte nach und nach eine regelrechte Angst vor Menschen in unserem Haus. Die hörten doch, wenn Vater laut wurde und wenn Mutter schrie. Auch sahen sie, wenn Vater angetrunken war. Die Erwachsenen sprachen mich nicht an, aber gelegentlich die Jugendlichen und Kinder: „Na, dein Vater war wieder schön

Uwe, 11 Jahre

Ich habe mich oft über meinen Vater geschämt. Aber das brauche ich bestimmt nicht, wenn er jetzt gesund wieder kommt.

Uwes Vater

Beim Eltern Kinderseminar ist mir eigentlich erst richtig klar und zum Bewußtsein gekommen, wie sehr doch meine Kinder und meine Frau während meiner Trinkzeit gelitten haben. Daß meine Kinder, hauptsächlich einen seelischen und psychischen Schaden abbekommen haben, ganz besonders mein Sohn Uwe. So blieb es natürlich auch nicht aus, daß die Kinder einfach nicht einschlafen konnten. Natürlich fehlte den Kindern der Schlaf. Und so hat sich das dann in der Schule bemerkbar gemacht, so daß mangels Konzentration und Mitarbeit die Zeugnisse von mal zu mal schlechter wurden.

40

voll!" Auch hatte ich den Eindruck, daß sie mich mieden. Ich hätte in die Erde versinken können vor Scham. Und trotzdem erfand ich weiter Ausreden für das Verhalten meines Vaters. Wenn in der Schule über Sucht gesprochen wurde, meistens über Drogensucht, wurde ich unsicher und schwieg. Meine schulischen Leistungen wurden auch schlechter. Gedanklich war ich oft mit unserem Durcheinander zu Hause beschäftigt.

Mutter sagte immer wieder, daß es niemanden etwas anginge, wenn Vater trinkt. Vater sagte, er sei kein Trinker. Die Trinker schlafen unter der Brücke und im Bahnhof. Das leuchtete mir damals irgendwie ein.

Wenn ich heute zurückdenke, lebten wir als Familie wie in einem Gefängnis. Wir wagten uns kaum noch raus und ließen kaum jemanden rein. Vater verlegte sein Trinken von der Wirtschaft in den Keller. Wie wir das jahrelang durchgehalten haben, weiß ich heute nicht mehr. Ich weiß nur, daß es uns allen sehr geschadet hat.

Koalitionen in der Familie

Koalitionen sind Zweckbündnisse zur Vermehrung von Macht und Einfluß, um z. B. in der Auseinandersetzung mit einem politischen Gegner stärker zu sein. Sie lösen sich auf, wenn der bislang gemeinsam angestrebte Zweck fortfällt.

Koalitionsbildungen sind im Familienleben eher untypisch. Dort jedoch, wo es eine Suchtproblematik gibt, treffen wir sie allerdings vermehrt an. Einerseits wird der alkoholabhängige Vater als schwach und hilflos erlebt. Andererseits stellt er mit seinem Verhaftetsein an den Alkohol, seinem für ihn existenznotwendigen Bündnis mit ihm, eine nur schwer zu beeinflussende Macht dar. Sie wird zum Mittelpunkt, um den sich das Familienleben organisiert.

Die Weltgesundheitsorganisation stellt in ihrer Studie zum Alkoholismus das dauernde Denken an den Alkohol als ein wesentliches Merkmal der Sucht heraus. Das dauernde Denken an den alkoholabhängigen Vater ist bezeichnend für seine Familienangehörigen. Sein Verhalten ist nämlich für sie kaum noch einschätzbar. Sie leben in der ständigen angstvollen Spannung, was passieren wird, wenn er alkoholisiert ist.

Durch die Bildung einer Koalition zwischen der Mutter und einigen oder allen Kindern hoffen sie, Macht zu gewinnen und Schutz zu finden. Das wiederum deutet der Alkoholabhängige als ein weiteres Gegen-ihn-gerichtet-Sein. Er empfindet sich nun erst recht als das fünfte Rad am Wagen und hat so eine weitere Begründung, seinen Kummer durch Alkohol aufzulösen. Auch wird er bemüht sein, die Koalition zu unterlaufen, indem er versucht, ein Kind zu begünstigen und so auf seine Seite zu ziehen. Das wird ausführlich im folgenden Bericht von Ursel geschildert. Man könnte annehmen, daß sich mit dem Fortfall des Trinkens, wenn der Vater also trocken geworden ist, die Koalition als Zweckbündnis erübrigt.

Was die Mutter und die Kinder zur Koalition zusammenfinden ließ, mag zunächst eine Machtfrage gewesen sein. Im Verlauf des

Suchtgeschehens erweitert sich die Koalition zu einem Schutzbündnis, in dem Überlebensstrategien geschmiedet werden. Das läßt sie auch menschlich näher aneinanderrücken. Dabei erleben sie, daß sie ohne den Vater besser zurechtkommen als mit ihm. Aus den Berichten wird auch deutlich, wie Kinder es ihren Müttern verübeln, daß sie ihr Elend nicht durch eine Scheidung beendet haben. Es ist schwer nachzuempfinden, was es in dieser Situation für die Mutter bedeutet, dennoch die Hoffnung zu behalten, daß eine Wende zum Guten möglich ist.

Zum familientherapeutischen Prozeß gehört, offen über Veränderungen zu sprechen, die sich durch das Heimkommen eines nicht mehr trinkenden Vaters für das Familienleben ergeben werden. Ohne Vergebung und Aussöhnung wird es kein befriedigendes Miteinander der Angehörigen geben.

„Jahrelang war ich die Vertraute der Mutter" (Ursel, 24 Jahre)

Endlich war der Tag gekommen, daß mein Vater in Therapie ging. Wie oft hatte ich Gott angefleht, auch zusammen mit meiner Mutter, daß er in eine Behandlung einwilligen möchte! Mein Vater ist unheimlich stur. Manchmal ist er aber auch butterweich. Schlimm war auch, daß er sich mit Opa, Mutters Vater, überworfen hat. Opas Frau war gestorben. Und nun mußte Mutter ihn mitversorgen. Er lebte in der Nähe. Ihn zu uns zum Essen zu holen, ging nicht. Das duldete mein Vater nicht.

Ich liebte meinen Opa, aber Vater durfte nicht erfahren, wenn ich hinging. Ich hörte von meiner Mutter, ihr Vater sei früher auch so unnachsichtig und so hitzig gewesen wie mein Vater. Jetzt war er umgänglicher. Er war dagegen gewesen, daß meine Mutter meinen Vater geheiratet hatte. Das sei ein „Hergelaufener", sagte er. Mein Vater stammt aus Ostpreußen. Mutters Familie lebt schon immer in Württemberg. Dadurch, daß er trank, fühlte sich Opa in seiner Auffassung bestätigt: „Der taugt nichts."

Mutter ist eine streng christliche Frau. Entsprechend streng erzog sie meine um zehn Jahre jüngere Schwester und mich. Vater hielt nicht viel vom Glauben. Er war evangelisch, wir katholisch. Meine Schwester suchte ihre Vorteile bei uns allen und zwischen den „Fronten". Sie wußte stets, wer was über wen gesagt hatte und bekam auch vieles zugesteckt vom Vater, von der Mutter, vom Opa. Sie hatte immer Süßigkeiten und auch Geld, ich nicht. Sie war ganz schön raffiniert geworden. Mich, die große Schwester, versuchte sie manchmal auszuspielen. Ich hatte die Stelle an Mutters Seite fest besetzt, war Mutters Vertraute.

Wir fuhren gemeinsam zum Kinder-Eltern-Seminar. Meine Schwester flog dem Vater an den Hals. Sie saß bei ihm auf dem Schoß und wurde mit Süßigkeiten überschüttet. Das stank mir wieder. Sie suchte nur ihren Vorteil. Als wir als Familie mit einem Therapeuten zusammen waren, sagte sie kaum etwas. Sie wollte es mit keinem verderben.

Ich hatte in der Nacht einen merkwürdigen Traum. Ich war irgendwo in einer kargen Gegend ganz alleine und hatte Angst. Mutter war zunächst bei mir. Wir wollten beide irgendwohin. Aber nun war ich allein in dieser Einsamkeit. Es hatte auch keinen Sinn, nach ihr zu rufen. Ich wollte beten und konnte es nicht.

In derselben Nacht, es war die zweite während des Seminars, hatten Vater und Mutter, wie sie sagten, kaum geschlafen. Sie hatten sich gründlich ausgesprochen und auch einander vergeben. Ich sah sie schon vor dem Frühstück Arm in Arm gehen. Ein Bild, das ich von ihnen bislang nicht kannte. Meine Überraschung war perfekt. Das hatte ich mir schon immer gewünscht. Aber zugleich überfiel

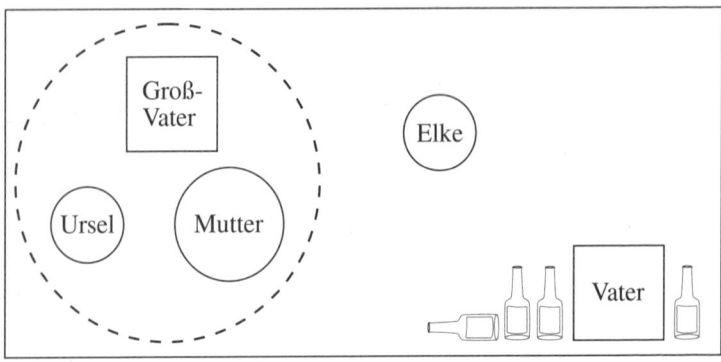

Skizze 1: Die Koalition in der Familie

mich Angst. Wo bleibe ich? Mich lehnte Vater ab. Manchmal hatte ich das Gefühl, daß er mich haßte. War ich doch der Anlaß gewesen, daß die Eltern heiraten mußten. Mit Mutter hatte Vater sich nun ausgesöhnt. Elke war sowieso sein Liebling. Und ich?

In dem Familiengespräch wurde mir meine Situation vollends klar. Elke saß wieder auf Vaters Schoß, und auch Mutter saß näher bei Vater als bei mir. Panik überfiel mich. Ich begann schrecklich zu heulen und bin dann rausgerannt in den Wald. Später suchte mich die Mutter – Vater nicht, auch Elke nicht. Wir gingen zum Haus zurück. Elke scharwenzelte um meinen Vater herum, nahm mich kaum wahr. Und Vater nannte mich, und das hatte ich von ihm schon des öfteren gehört, eine hysterische Ziege.

An die Heimfahrt kann ich mich kaum erinnern, obwohl Mutter pausenlos auf mich einredete. Ich saß jetzt hinten und Elke vorne bei ihr. Mir fiel mein Traum ein. Ja, so fühlte ich mich, einsam und verlassen, voller Angst und verzweifelt, und zum Beten war ich auch nicht in der Lage. Jahrelang, soweit ich zurückdenken konnte, wurde ich von meinem Vater abgelehnt, war aber die Vertraute der Mutter, beneidet und gehaßt von meiner Schwester. Wie oft hatte sie versucht, mich von der Seite der Mutter zu verdrängen. Und nun ging die Mutter am Arm dieses Vaters, der mich ablehnte und der mir innerlich fremd war. Nein, fremd nicht, denn ich hatte stets Angst vor ihm.

Betrunken hat er mich auch brutal geschlagen, obwohl ich ihm nichts getan hatte. Hätte er mich doch auch an diesem Morgen in

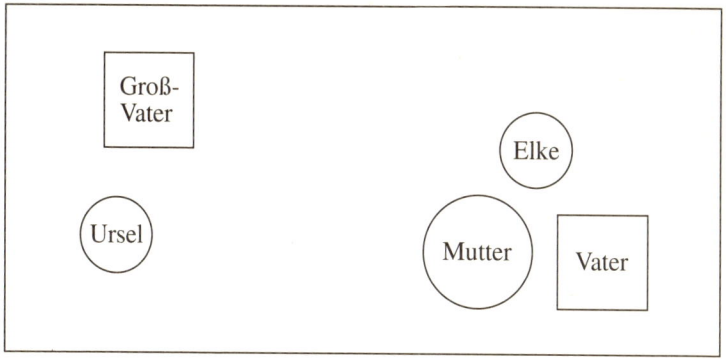

Skizze 2: Die Koalition zerbricht

den Arm genommen, mir über das Haar gestreichelt, ein gutes Wort für mich gefunden! Aber nichts, gar nichts kam. Wie ein Sieger über die Gefühle der Mutter führte er sie am Arm, vorbei an den anderen. Seht, was ich geschafft habe!

Zu Hause angekommen, lief ich gleich zu meinem Opa. Ich heulte und klagte mich bei ihm aus. Nach und nach wurde mir deutlich, daß ja auch meine Mutter mich verlassen hatte, so als wenn meine Treue zu ihr in all den Jahren nichts gewesen wäre. Was wäre sie ohne mich gewesen? So einfach, ohne mit mir zu sprechen, war sie übergelaufen zu diesem Mann, der auch ihr so viel Leid zugefügt hatte. Viele Jahre schlief ich schon neben der Mutter im Elternschlafzimmer. Mein Vater hatte sein eigenes Zimmer. Und auch das war jetzt vorbei.

Vielleicht hat Mutter auf der Heimfahrt – wir waren über zwei Stunden unterwegs – mir alles erklären wollen. Ich kann es mir denken. Ich habe aber nichts gehört, ich war nicht ansprechbar. Opa war ratlos. Er wollte mit Mutter sprechen. Aber das wollte ich nicht. Und ich denke, auch Mutter war ratlos. Nur Vater und Elke hatten sicher ein gutes Gefühl. Ich kam mir vor wie im Niemandsland. Oder war ich jetzt ein Niemand?

Opa erlaubte mir, die Nacht bei ihm zu bleiben. Er wollte zu Mutter runtergehen, aber sie kam von sich aus. Ich war schon im Schlafzimmer und hatte es abgeschlossen. Ich machte auch nicht auf. Mutter war verzweifelt. Ich versprach, keine Dummheiten zu machen. Das war also der Erfolg der Therapie meines Vaters und des Kinder-Eltern-Seminars! Und wie sehr hatten Mutter und ich uns gefreut, als Vater in die Therapie ging.

Es wurde für mich eine unruhige Nacht. Immer wieder denken, denken, denken. Die Gefühle liefen wild durcheinander. Mir wurde klar, daß ich zu Hause nicht bleiben konnte. Sollte ich nicht doch Nonne werden? Diesen Wunsch hatte ich schon des öfteren gehabt. Ich malte mir aus, daß ich in einem Kloster einen ganz neuen Anfang machen könnte in der Gemeinschaft der Schwestern, abseits von dieser bösen Welt.

Mit Zustimmung meiner Mutter nahm ich bald eine Stelle in einem Altenheim an, das von Nonnen geleitet wurde. Es bestand Aussicht, von dort eine Ausbildung als Altenpflegerin zu machen.

Und dann konnte ich mich immer noch entscheiden, ob ich in den Orden eintreten wollte oder nicht.

Meine Arbeitsstelle in einer Bekleidungsfirma aufzugeben war kein Problem. Vier Wochen später konnte ich im Altenheim beginnen. Es waren ungefähr hundert Kilometer bis dorthin. Die Entfernung war mir recht. Mutter brachte mich hin. Vater hatte Mutter geschrieben, ich solle nur dort hinfahren, es wäre ihm recht. Das wußte ich auch so.

Im Heim bekam ich ein schönes Zimmer. Die Arbeit fiel mir nicht schwer, denn zu schaffen war ich gewöhnt. Ich mußte Mutter schon immer im Haushalt und im Garten helfen, besonders, nachdem sie Arbeit hatte aufnehmen müssen. Das bißchen Geld, das Vater nicht vertrunken hatte, reichte ja nicht aus. Ich arbeitete auf der Station mit, besonders im Reinigungsdienst. Ich brachte den Alten das Essen auf die Zimmer und durfte auch diese und jene kleine Handreichung machen, um die Schwestern zu entlasten.

Die alten Menschen waren nett zu mir. Sie gaben mir immer wieder ein gutes Wort. Das tat meiner verwundeten Seele gut. Mit den Schwestern war der Kontakt mehr dienstlich, denn sie hatten viel zu tun. Aber ich will nicht über sie klagen. Sie behandelten mich gut, und ich durfte auch an einigen religiösen Zusammenkünften tagsüber teilnehmen. Das gefiel mir.

Mutter schrieb mir des öfteren. Sie entschuldigte sich. Sie erklärte mir, daß sie mich nicht verlassen habe, ich ihre liebe Tochter sei, sie aber auch zum Vater gehöre. Das verstand ich mit dem Kopf, aber nicht mit dem Herzen. Da war stets ein Aber, das ich nicht wegbekam. Ich weiß, daß Mutter mit ihrer Not bald nach Haus Burgwald fuhr und um ein Gespräch mit dem Therapeuten und Vater bat. Aber der Therapeut soll hilflos gewesen sein, als er alles erfuhr, zumal Vater völlig uneinsichtig war. Meine Mutter sagte, daß es ihr damals auf der Heimfahrt ähnlich gegangen sei wie mir. Sie weiß nicht, wie sie nach Hause gekommen ist, obwohl sie das Auto gesteuert hat.

Meine Mutter erzählte mir später, daß es in Haus Burgwald wegen der Halsstarrigkeit meines Vaters noch viele Gespräche zwischen dem Therapeuten und Vater gegeben hat, auch Ehepaargespräche. Aber alles ohne Erfolg.

Und wenn mein Vater es eingesehen haben sollte, daß er mich nicht so einfach verdrängen, links liegen lassen konnte wie einen kalten Dreck, so war er wohl zu schwach, dies zuzugeben – und auch zu stolz. Dabei hätte gerade er für mich Verständnis haben müssen. Er selbst war jemand, der sich zu Hause bei seinen Eltern wie das fünfte Rad am Wagen vorgekommen war. Nun war ich es. Vater schrieb mir nicht eine einzige Zeile. Und wie habe ich mich danach gesehnt, obwohl ich zugleich voller Wut auf ihn war! Ich hoffte von Tag zu Tag auf ein paar Zeilen von ihm. Er war doch mein Vater! Oder etwa nicht? Das sollte ich doch mal Mutter fragen! Aber durfte ich sie so etwas fragen?

Vater war aus der Heilbehandlung entlassen worden. Er war zu Hause und ging seiner Arbeit nach. Es war, als ob es mich für ihn nicht gab. Als ich Mutter fragte, ob Vater sich nach mir erkundigt habe, wollte sie nicht mit der Sprache raus. Aber ich wollte wissen, woran ich war. Sie war tief unglücklich, aber sie konnte nichts daran ändern. Sie erzählte mir, daß Vater nicht mehr so eigensinnig und rechthaberisch sei und daß er auch nicht mehr so auf den Opa schimpfe. Elke war jetzt die Henne im Korb. Das ärgerte mich. Sie war erst acht Jahre alt, aber schon ein ganz schön raffiniertes Luderchen.

Und dann, es war Adventszeit, fand ich in meinem Postfach einen Brief mit der Handschrift meines Vaters. Ich zitterte am ganzen Körper. Ich hatte Angst, ihn aufzumachen. Unter einem Vorwand verließ ich meine Arbeit und rannte auf mein Zimmer. Mit

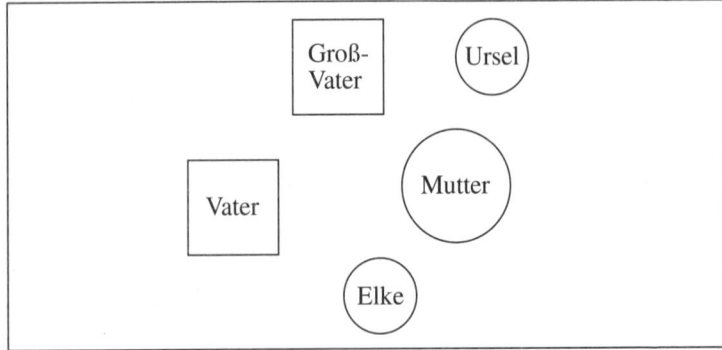

Skizze 3: Die Koalition ist überflüssig geworden

noch immer zitternden Händen öffnete ich den Brief. Und dann stand da wirklich: „Meine liebe Ursel!" Schon das trieb mir die Tränen in die Augen. Der Satz alleine hätte genügt, um mir zu sagen, daß mein Vater mich mag und ich nicht eine hysterische Ziege bin, sondern seine liebe Tochter. Vater entschuldigte sich für alles, was er mir angetan hatte. Es tue ihm schrecklich leid, schrieb er. Eingesehen habe er alles schon in Burgwald bei den Gesprächen nach dem Kinder-Eltern-Seminar. Aber er habe es nicht geschafft, dies zuzugeben. Im Seminar sei ihm nicht bewußt geworden, was da für mich passiert sei. Er sei so froh über die Aussöhnung mit der Mutter gewesen, daß er mein Verhalten überhaupt nicht verstanden habe. Auch entschuldigte er sich, daß er mich eine hysterische Ziege geheißen habe.

Vater schrieb, daß er sich mit mir noch vor Weihnachten treffen wolle. Und dann besuchte er mich. Und wir haben uns ausgesprochen. Ich konnte ihm alles sagen, was mich belastete. Wir haben beide viel geweint. Das war vor fünf Jahren.

Ich bin keine Nonne geworden und arbeite auch nicht mehr im Altenheim. Dankbar bin ich im Rückblick besonders Schwester Benedikta, der ich viel von mir erzählen konnte. Wir haben viel miteinander gebetet und sie auch für mich, meinen Vater, meine Mutter, für Elke und Opa. Meine Ausbildung zur Krankenpflegerin habe ich vor eineinhalb Jahren beendet. Ich bin gern in meinem Beruf. Und Vater will mir im Elternhaus die Hochzeit ausrichten.

Mit Opa hat die Aussöhnung ein Jahr später stattgefunden. Auch Opa mußte seine tiefe Ablehnung gegenüber seinem Schwiegersohn überwinden. Gewiß war auch er zu stolz oder zu schwach gewesen, um einzugestehen, daß er Fehler gemacht hatte, daß er meinen Vater nicht so ablehnen durfte. Aber nun haben die beiden sich ausgesprochen. Das tat uns allen gut.

Inzwischen bin ich schon einige Male zu Hause gewesen. Nur mit Elke ist es noch nicht zu dem Verhältnis gekommen, wie ich es mir wünsche. Sie braucht wirklich keine Angst zu haben, daß ich ihr ihre Position in der Familie streitig mache. Hoffentlich lernt sie aus dem ganzen Geschehen eines Tages auch etwas für sich selbst.

Die Koalitionen erkennen

Der Großvater, die Mutter und Ursel bilden seit Jahren eine feste Koalition. Elke gehört ihr nicht an. Sie übermittelt jedoch Informationen zwischen dem Vater und der Koalition und hat so eine herausgehobene Position. Dafür wird sie unterschiedlich belohnt, besonders vom Vater. Ursel durchschaut das böse Spiel und beschreibt Elke treffend als „ein raffiniertes Luderchen". Dazu aber ist sie gemacht worden. Ob sie später als Erwachsene Menschen gegeneinander ausspielen wird, wenn es um ihren Vorteil geht? Sie hat es jedenfalls gelernt!

Der Vater ist keineswegs allein. Er hat eine Koalition besonderer Art, durch die er auf seine Weise Macht gewinnt. Sein „Koalitionspartner" ist der Alkohol. Mit ihm braucht er keine Absprachen zu treffen. Über ihn verfügt er, wann und wo und wie oft er will. Der Alkohol macht ihn stark oder gelassen. Mit ihm bleibt er so oder so Sieger über die anderen. Nicht er muß sich nach ihnen, sondern sie müssen sich nach ihm richten. Er ist der Agierende, sie die Reagierenden. Und weil sie gegen den für ihn lebensnotwendigen „Koalitionspartner" Alkohol sind, werden sie zu seinen Feinden, die er mit allen ihm zur Verfügung stehenden Mitteln bekämpfen muß. Aus Erfahrung weiß er nämlich, daß er ohne Alkohol macht- und hilflos, daß er der Verlierer ist.

Beim Kinder-Eltern-Seminar sind Elke und der Vater oft zusammen. Beim Familiengespräch sitzt sie auf seinem Schoß. Ursel wird vom Vater nicht beachtet. Sie sucht die Nähe der Mutter. Daß diese in Vaters Zimmer schläft, beunruhigt sie. Schließlich holte Mutter sie vor acht Jahren in das Ehebett. Vater mußte ausziehen.

„Meine Überraschung war perfekt", schreibt Ursel. Sie erlebt am Sonntagmorgen, daß die Mutter zu Vater und Elke „übergelaufen" ist. Mit ihnen bildet sie eine neue Dreierkoalition. Nun ist Ursel allein. Sie ist jetzt die eigentliche Verliererin. Sie gerät in Panik. Elke und Vater sind die Gewinner. Erst als Ursel in den Wald läuft, begreift die Mutter, was wirklich geschehen ist. Sie ist tief unglücklich, fühlt sich zwischen ihrem Mann und Ursel hin- und hergerissen. Welch ein Glück, daß es da noch den Großvater gibt!

Zu Hause ergibt sich bald eine neue Situation. Noch ehe der

Vater heimkommt, verläßt Ursel das Elternhaus. Sie findet Arbeit und Wohnung in einem entfernt liegenden Altenheim. Der Platz neben der Mutter im Elternschlafzimmer ist nun für den Vater frei. Die Mutter und der Großvater sind in Sorge um Ursel. In diese Gespräche beziehen sie später den Vater mit ein. So gesehen trägt die Sorge um Ursel zur Einigung der drei bei. Und Elke als Informantin wird überflüssig. Ob sie nun endlich Kind sein darf und dies auch sein kann?

Glückliche Umstände bewahren Ursel davor, in ein Abseits zu geraten. Orientierung und Halt geben ihr auch die durch die Mutter übermittelten christlichen Grundwerte. Ich weiß von anderen, ähnlich wie Ursel abgedrängten Kindern, die dann an Suchtmittel geraten sind. Andere wiederum erkrankten psychosomatisch oder wurden zu auffälligen Außenseitern.

Es wird gewiß nicht zu verhindern sein, daß es trotz Familientherapie immer wieder zu ähnlichen Entwicklungen kommt. Erfahrungen, wie sie Ursel in der Familientherapie gemacht hat – mögen sie auch gering sein –, und ein Wissen um einige Zusammenhänge, können zu Hilfen werden, um in Problemsituationen besser gerüstet zu sein.

„Sie feiern ihn als Helden, der heimgekehrt ist" (Karin, 20 Jahre)

Als ich achtzehn Jahre war, kam mein Vater zur Therapie. Dieses halbe Jahr, als er weg war, war für mich die seit langem schönste Zeit. Meine Mutter konnte wieder lachen, ich konnte einladen, wann und wen ich wollte. Mein Freund verstand sich gut mit meiner Mutter, und die Belastung wich immer mehr. Wir konnten aufatmen.

Der erste Brief von meinem Vater überraschte mich dermaßen, daß ich gar nicht glauben konnte, daß er ihn geschrieben hatte. Dem Brief nach zu urteilen müßte mein Vater ein Mensch geworden sein, der die Tragweite seines Verhaltens und der damit verbundenen Grausamkeit langsam begriff, der das Gefühl hatte, daß er sich entschuldigen sollte, der anfing, sich wieder an kleinen Dingen zu freuen und vor allem seine Gefühle offen zu zeigen. Heute denke ich, daß mein Vater doch das ist, was man „aalglatt" nennt.

Die Besuche bei meinem Vater brachten mich ihm wieder etwas näher, da ich seine Anstrengungen sah. Meine Mutter allerdings hatte bereits wieder einiges von ihrer Hoffnung verloren, da sie weiter sah, vor allem hinter die Fassade meines Vaters blickte. Nachdem mein Vater aus der Kur zurück war, versuchten wir, wieder eine Familie zu werden. Auch mein Vater gab sich Mühe. Er half ab und zu im Haushalt und räumte z. B. nach dem Essen seinen Teller selbst weg. Es klappte nicht hundertprozentig, aber der Weg zur Besserung war frei. Nach und nach habe ich mich daran gewöhnt, daß ich meine Mutter wieder allein zu Hause lassen konnte.

Jetzt sind zwei Jahre vorbei, und es hat sich nichts geändert, außer daß mein Vater nicht mehr trinkt. Er läßt sich wieder von allen Seiten bedienen, ist schnell beleidigt und zynisch, fast hinterhältig. Er geht zwanghaft zur Kirche und nimmt doch gar nichts von den Gottesdiensten mit – außer Belehrungen für meine Mutter und mich. Er verbringt seine Freizeit vor dem Fernseher und kann sich sehr selten aufraffen, etwas mit meiner Mutter und meiner Schwester zu unternehmen. Mit mir sowieso nicht! Denn ich habe den Respekt vor meinem Vater verloren. Er bemerkt es und ärgert sich, daß ich ihm patzige Antworten gebe oder ihn einfach übersehe. Doch was mir am meisten weh tut, sind die Streitigkeiten, die ich mit meiner Mutter habe. Sie gehört jetzt nämlich wieder zum Vater, der ja einen ach so „großen Schritt" getan hat. Für wen? Mit Sicherheit auch für uns. Aber wie hätte er geendet, wenn wir ihn tatsächlich alleingelassen hätten? Die Verwandten feiern ihn als Helden, der heimgekehrt ist. Das bekräftigt ihn natürlich in seinen Klagen über seine ungezogene Tochter, über die fast provozierende Selbständigkeit seiner Frau.

Meine Mutter versucht, mit ihm so gut wie möglich auszukommen und ihn zu unterstützen. Sie berät anfallende Entscheidungen wieder gemeinsam mit ihm. Manchmal denke ich, weil sie nichts mehr miteinander zu reden haben, machen sie die Probleme, die sie mit mir haben, eben noch ein bißchen größer. Aber welches Recht hat ausgerechnet mein Vater, mir z. B. meine Zigarettensucht vorzuhalten? Wieso versucht er, mich mit meinen zwanzig Jahren noch zu erziehen? Nur weil ich noch daheim wohne? Wenn ich mir von meinen Eltern noch etwas sagen lasse, dann höchstens von meiner Mutter. Doch die wirft mir vor, daß ich sie noch wahnsinnig mache, und sucht Rückhalt bei meinem Vater.

Ein anderes Problem, das sich zuspitzt, ist, daß ich jetzt oft ausgehe. Vor der Kur meines Vates hatte ich ständig Angst, meine Mutter mit diesem Mann allein zu lassen. Ich habe also versucht, auch zu Hause zu sein, obwohl ich in dem Alter war, in dem man anfängt, abends gern wegzugehen.

Zugegeben, ich bin selten zu Hause. Mutter will wissen, warum mir meine Familie nichts mehr bedeutet. Meine Antwort: Von meinem Vater kann ich eh nichts mehr erwarten. Und dadurch, daß meine Mutter jetzt nicht mehr zu mir hält, sondern zum Vater, entferne ich mich auch immer mehr von ihr. Ich ertrage diese Atmosphäre nicht. Ich höre, daß meine Mutter Freunden erzählt, ihr Mann sei zu einer glücklichen Partnerschaft nicht mehr in der Lage. Doch wenn es um mich geht, sind sie sich einig. Warum kann ich meine Probleme nicht allein mit meiner Mutter besprechen? Geht aber nicht! Also flüchte ich in Gesellschaft, ins Vergnügen. Verdrängungseffekt!

Bei meinen Freunden finde ich das, was ich bei meinen Eltern nicht mehr habe: Zusammengehörigkeit, Freiheit, Zwanglosigkeit, Fröhlichkeit, Vergessen. Meine Eltern werfen mir vor, ich sei vergnügungssüchtig. Vielleicht bin ich es wirklich. Ich stecke wie in einem Teufelskreis. Ich bin zu früh erwachsen geworden. Meistens werde ich mindestens zwei bis drei Jahre älter geschätzt. Ich möchte mich so gerne mit meiner Mutter gut verstehen. Sie versteht mich aber nicht, sondern hält mich für egoistisch und knallhart. Kommen wir wirklich einmal ins Gespräch, herrschen Verzweiflung, Wut, Mißverständnisse und Hilflosigkeit vor. Ich fühle mich falsch beurteilt, reagiere aggressiv, und sie sucht Trost bei meinem Vater. Ich bin immer mehr davon überzeugt, daß es für mich das beste wäre, mich von meinen Eltern loszulösen, einfach nur an mich zu denken. Ich will alles auf einmal, um nichts zu verpassen. Ich möchte meine Leistungen selber einschätzen, und vor allem will ich nicht mehr umerzogen werden.

Die abgedrängte Tochter

Auch hier erleben wir das Problem der abgedrängten Tochter. Sie versucht, in einem Leben, das im Gegensatz zu ihrem frommen Elternhaus steht, einen Ausgleich zu finden. Dadurch ist sie nicht glücklich geworden. Sie befürchtet, vergnügungssüchtig zu sein. „Ich stecke wie in einem Teufelskreis", sagt sie. Sie will alles auf einmal haben.

So wie früher der trinkende Vater mit seiner Problematik Mutter und Tochter zu einer Koalition zusammenfinden ließ, vollzieht sich nun ein ähnlicher Prozeß durch die Außenseiterrolle von Karin. Nun führt sie die Eltern zu einer neuen Koalition zusammen. Das enthebt sie, sich den Schwierigkeiten zuzuwenden, die zwischen ihnen liegen. Fast genüßlich erwähnt sie eine Bemerkung der Mutter über sexuelle Probleme, die ihr Vater hat. Bei Alkoholismus sind sexuelle Störungen in der Regel eine Folge von Beziehungsstörungen, die besonders im Gefühlsbereich ihren Ursprung haben.

Auch ist Karin in einem Konflikt mit ihren Verwandten. Sie feiern ihren Vater als Helden, während sie ihn weiterhin als Versager erlebt. Familientherapie ist hier dringend notwendig.

„Mein Vater wollte meine Freundschaft erkaufen" (Michael, 20 Jahre)

Daß mein Vater Alkoholiker ist, war mir inzwischen klargeworden. Für meine Erziehung war vor allem meine Mutter zuständig. Sie war seit jeher eine starke Frau, die wußte, was sie wollte. Vater war für mich eigentlich nur ein guter Kumpel. Wir spielten zusammen Karten oder Fußball. Er hatte Angst davor, große Probleme bewältigen zu müssen, und versuchte, sie zu umgehen. Ja, ich hatte sogar immer das Gefühl, daß seine ganze Art und Lebensweise darauf ausgerichtet waren, nach Möglichkeit erst gar keine Probleme entstehen zu lassen. Wenn es jedoch welche gab, wurde er nervös und auch ein wenig aggressiv. Am besten, man ließ ihn in Ruhe.

Wenn mein Vater betrunken nach Hause kam, bemühte ich mich, ihn einfach nicht zu beachten. Warum kam er überhaupt noch? Allein mit meiner Mutter zusammen war es zu Hause am schönsten. Wenn mein Vater nach Hause kam, begann sich sofort ein dunkler Schatten auf mich zu legen. Er wich erst wieder, wenn Vater wieder weg war.

Ich merkte, daß die Probleme meines Vaters meine Mutter sehr belasteten. Aber sie ließ sich nicht unterkriegen. Ich denke, sie hat mir die Kindheit gerettet.

Mir fällt eines der schlimmsten Erlebnisse aus dieser Zeit ein: Immer war ich froh gewesen, daß es den Fernseher gab. Ich schaltete ihn ein und versuchte „abzuschalten". So war es auch an jenem Abend. Meine Mutter war nicht zu Hause. Die Ungewißheit, wie Vater heimkommen würde, belastete mich unheimlich stark. Manchmal war ich mir auch nicht hundertprozentig sicher, ob er wirklich betrunken war, denn gelallt und getorkelt hat er nur in seltenen Fällen. Vater kam von der Arbeit heim. Er war betrunken. Zunächst kam er zu mir ins Wohnzimmer. Er legte, wie jeden Abend, seine Uhr auf den Wohnzimmerschrank und ging wieder raus. Alles lief ab wie gewohnt. Ich hatte große Angst, daß er zurückkommen und sich zu mir setzen würde. (Ich hoffe, daß meine Kinder nie solche Angst vor mir haben müssen!) So kam es dann auch. Er setzte sich mir gegenüber in den Sessel und starrte in den Fernseher. Nach einer Weile begannen wir dann auch ein Gespräch. Worum es ging, kann ich nicht mehr sagen.

Irgendwie muß ich meinem Vater Schuldgefühle verursacht haben. Er nahm seine Geldbörse, zog einen Zwanzigmarkschein heraus, legte ihn vor mich auf den Tisch und sagte: „Den schenke ich dir. Du kannst dir dafür etwas kaufen." Was kaufen? Mir wurde klar, was hier gespielt wurde. Mein Vater wollte sich die Freundschaft seines Sohnes erkaufen. Er gab mir Geld und versuchte damit, sein Schuldgefühl abzubauen. Auf diese Weise versuchte er, seine Probleme zu lösen. Aber ich wollte das Geld nicht haben. Ich schämte mich für ihn. Ich weiß noch sehr genau, daß mein Vater nicht verstand, warum ich das Geld nicht haben wollte und mich dauernd nach dem Grund meiner Ablehnung fragte.

Wäre ich heute in dieser Situation, würde ich meinem Vater wahrscheinlich heftige Vorwürfe machen. Ich würde ihn vor allem im nüchternen Zustand zur Rechenschaft ziehen. Aber damals hatte ich einfach Angst und fühlte mich sehr schlecht. Mein Vater hatte versucht, mich zu kaufen!

Manchmal überlege ich mir, welchen Grund mein Vater hatte, zum Alkohol zu greifen. Wie es meine Art ist, denke ich dabei auch über mich selbst nach, welches Verhältnis ich zu meinem Vater hatte und wie es heute ist. Ich meine, ich hätte mich früher mehr mit meinem Vater unterhalten sollen. Aber ich traute mich nicht, mit ihm über sein Alkoholproblem zu sprechen. Dazu fehlte mir die Kraft. An den Wochenenden trank er in der Regel auch nicht. Wir konnten Fahrradtouren und Spiele machen und bastelten auch miteinander. Kein Außenstehender wäre auf die Idee gekommen, daß dieser Mann ein Trinker ist.

Angetrunken war er immer nur an den Werktagen, und auch dann nicht täglich. Gab es schwerwiegende Fragen zu klären, ging ich nicht zu meinem Vater, sondern zur Mutter. Zu ihr hatte ich mehr Vertrauen. Eine rechte Beziehung zu meinem Vater hat es nie gegeben. Grund dafür war sicher auch sein übermäßiger Alkoholkonsum. Für mich war meine Mutter die Hauptbezugsperson.

Als meine Eltern mir erklärten, daß mein Vater eine Entziehungskur machen werde, gab mir das ein sehr schönes Gefühl. Die Freude darüber kam nicht plötzlich auf, sondern erst ein wenig und später immer mehr. Mit dieser Freude wurde der Grundstein zu neuer Hoffnung und vor allem zu neuem Vertrauen gelegt.

Heute ist alles ein wenig anders, obwohl es auch Parallelen zu früher gibt. Ich habe jetzt Vertrauen zu meinem Vater, doch nehme ich es nicht in dem Maße in Anspruch, wie ich es früher gebraucht hätte. Ein Stück dieser Vertrauensphase fehlt mir in meiner Kindheitsentwicklung. Das ist sehr schade. Heute lebe ich eigentlich mehr neben meinen Eltern her. Ich fühle mich wohl dabei, manchmal aber auch nicht. Ein Stück meiner Kindheit ist irgendwo unterwegs verlorengegangen.

Ein Stück der Kindheit ging verloren

Was bedeutet es, wenn Michael von seiner Mutter schreibt: „Sie hat mir die Kindheit gerettet"? Da denkt man zunächst an ein Retten vor dem Ertrinken oder aus den Flammen. So bedrohend kann besonders von hochsensiblen Kindern der betrunkene Vater in seinem Verhalten erlebt werden, daß sie eine solche Aussage treffen. Gelegentlich fragte ich Alkoholabhängige, ob sie, in einem Film aufgezeichnet, Szenen nacherleben möchten, die sich in ihrer Trunkenheit in der Familie ergeben haben. Das wollten sie auf keinen Fall, auch wenn sie sich an vieles nicht erinnern können, weil sie zu betrunken waren oder alkoholbedingte Erinnerungslücken hatten. Diese Bilder sitzen jedoch bei Michael und seiner Mutter tief in ihrer Erinnerung. Und was Michael erlebt hat, war völlig unangemessen für sein Alter, es hat Ängste und Unsicherheiten ausgelöst. Ein Stück der „Vertrauensphase fehlt in der Kindheitsentwicklung" und „ein Stück meiner Kindheit ist irgendwo unterwegs verlorengegangen".

Michael hat seinen Vater nicht täglich betrunken erlebt. An den Wochenenden machte er sogar mit ihm Radtouren. Also ein harmloser Fall? Für Michael keinesfalls. Wenn ihn sein Vater wirklich liebte, wie könnte er ihm dann das andere antun? Und so ist er entrüstet, als eines Tages sein Vater sich bei ihm von seinen Schuldgefühlen freikaufen will.

Ich kenne Michael aus mehreren Gesprächen, diesen gut aussehenden, freundlichen und im Beruf tüchtigen jungen Mann. Dort sucht er seine Identität, die in der Familie zu finden für ihn so wichtig gewesen wäre. Ich machte ihm Mut, immer wieder das Gespräch mit den Eltern zu suchen und ermunterte dazu auch die Eltern. Besonders der Vater braucht Hilfe, um nicht immer wieder in Schuldgefühle zurückzufallen. Wunden brauchen Pflege und Zeit, um zu heilen.

Unsicherheit und Angst als tägliche Begleiter

Jeder Mensch kennt Unsicherheiten und Ängste und weiß, wie unzuträglich sie für sein Lebensgefühl sind. Für Kinder von Alkoholabhängigen sind Unsicherheit und Angst ständige Begleiter. Sie behindern sie in ihrer Lebensentfaltung. Es entwickeln sich bei ihnen Hemmungen und Minderwertigkeitskomplexe, die zu Störungen der Gesundheit und der zwischenmenschlichen Beziehungen führen können.

Ein Kind aus einer „Normalfamilie" schaut aus dem Fenster und sieht den Vater von der Arbeit kommen. Es ruft der Mutter zu „Vater kommt!" und läuft ihm entgegen. Ein Kind aus einer Alkoholismusfamilie sieht auch den Vater nach Hause kommen. Es ruft ebenfalls der Mutter zu „Vater kommt!", doch es läuft ihm nicht entgegen, sondern verkriecht sich in sein Zimmer und wartet ängstlich ab, wie der Vater sich wohl heute verhalten wird. Denn das ist nicht vorhersehbar. Was gestern richtig war, kann heute völlig verkehrt sein. Da ist es am besten, diesem Vater erst gar nicht zu begegnen.

Im Laufe der Zeit erlebt das Kind auch bei seiner Mutter nicht vorhersehbares Verhalten. Sie ist oft überlastet durch die Probleme mit ihrem Mann und den sich aus dem Suchtgeschehen ergebenden finanziellen und sozialen Folgen. Hinzu kommen die Belastungen durch ihre Berufstätigkeit, auch wenn sie immer wieder sagt, daß sie wenigstens dort Ablenkung und Anerkennung findet. Durch diese anhaltenden Streßsituationen ist die Mutter überfordert, ihre Kinder richtig zu versorgen und zu erziehen. Sie reagiert gereizt, unkontrolliert, dann wieder verwöhnend. Daraus entstehen bei ihr Schuldgefühle. Die Kinder wiederum wagen oft nicht, die Mutter mit ihren eigenen Problemen noch zusätzlich zu belasten.

Das Verhalten des abhängigen Vaters bleibt der Öffentlichkeit nicht verborgen, wie z. B. den Hausbewohnern, Freunden, Bekannten, Nachbarn und anderen. Dadurch fühlen sich die Kinder in ihrem Ansehen beschädigt. Tiefe Scham erfüllt sie, zu dieser Familie zu gehören. Manchmal hätten sie am liebsten einen anderen Familiennamen. Nach außen wird die Scham überdeckt durch forsches Auftreten oder durch Einsatz in Gruppen und Vereinen. Andere ziehen sich zurück, schränken den Kontakt zu anderen ein, brechen ihn ab oder suchen sich Kreise, in denen sie junge Leute treffen, die aus ähnlichen Verhältnissen kommen.

Unter diesen Umständen ist die Entwicklung eines gesunden Selbstwertes und Selbstbewußtseins behindert und somit auch die Entwicklung der Kräfte und Fähigkeiten, die zwischenmenschlichen Beziehungen konstruktiv zu gestalten. Kinder aus Alkoholismusfamilien sind besonders abhängig von dem, was andere Menschen von ihnen halten und über sie denken. Zudem lassen sie sich schnell entmutigen.

„Ich hatte riesengroße Ängste um meine Mutter" (Gudrun, 19 Jahre)

Zufällig sah ich das Bild von Marlene (Seite 25), als ich zu einem Kinder-Eltern-Seminar in Haus Burgwald war. Marlene hatte es vor ungefähr zehn Jahren gemalt, sagte man mir. Das Bild hat mich sehr angesprochen. Je mehr ich mich mit dem Bild befaßte, um so mehr merkte ich: Marlene, das bin ich. Das trifft genau meine Situation. In den Gesprächen mit Mädchen ungefähr in meinem Alter stellte ich fest, daß es viele „Marlenen" unter uns gibt.

Als Vater in Therapie war, war ich sechzehn Jahre und ging noch zur Schule. Inzwischen habe ich eine Lehre als Verkäuferin abgeschlossen und verdiene jetzt das erste Geld. Das tut meinem Selbstvertrauen gut. Ich bin unabhängig geworden. Ich wohne noch bei meinen Eltern, könnte mir aber, wenn ich wollte, eine eigene kleine Wohnung leisten. Ob ich es bald tun werde, weiß ich nicht. Angst vor einem Rückfall meines Vaters habe ich nicht. Aber vielleicht steckt doch immer noch die „Marlene" in mir. Allzuoft fühle ich mich noch verantwortlich für den Vater und für die Ehe der Eltern.

Was war passiert in den Jahren, als Vater trank und ich erlebte,

Das Bild entstand zu dem Thema: „Wie stelle ich mir unser Familienleben nach der Rückkehr des Vaters aus der Therapie vor?" Wie bei den meisten Wunschbildern wird auch in diesem die Angst des Kindes vor der Zukunft in den Haifischflossen sichtbar.

wie Mutter und ich ohnmächtig waren, ihm zu helfen? Ich kannte meinen Vater nie ohne Alkohol. Mutter sagte, er habe schon getrunken, wenn auch nicht so stark, als sie sich kennenlernten. Mutter glaubte damals, ihm helfen zu können. Sie dachte, wenn sie erst verheiratet wären, würde er nicht mehr trinken. Sie würde ihm das geben, was er in seinem Elternhaus nicht bekommen hatte, Nestwärme. Diesen Ausdruck gebraucht mitunter mein Vater nach der Therapie. Er hat ihn dort gelernt, und ich finde ihn ganz gut.

Mutter erzählte mir einmal ausführlich von ihrem Kennenlernen und ihren Vorstellungen von der Ehe und von den Hoffnungen, die sie für Vater und auch für sich selbst hatte. Sie wollte Vater so richtig rundum glücklich machen. Zusammen wollten sie ihr Heim bauen. Ich habe mitunter das Empfinden, daß Mutter in einer Traumwelt lebt. Sie hat auch eine wenig realistische Vorstellung von unserem Familienleben. Ich denke, sie ist zu romantisch. Vater sieht die Dinge nüchterner.

Ich will das, was ich während Vaters Trinkzeit in unserer Familie erlebte, nicht ausführlich schildern. Mein Vater war der Auffassung, ich hätte nicht viel mitbekommen. Nach der Therapie erzählte ich Vater und Mutter, daß ich in der Nacht des öfteren aufgestanden bin, um an ihrer Schlafzimmertür zu lauschen. Zu oft habe ich erlebt, daß sie sich heftig gestritten haben. Vater ist auch handgreiflich geworden. Mutter schrie manchmal entsetzlich. Ich hatte große Angst um die Mutter, ich wollte sie nicht verlieren.

Eine Begebenheit muß ich doch erzählen. Ich mag zwölf Jahre gewesen sein. Vater kam am Abend mit schwerer Schlagseite heim. Er stänkerte so lang herum, bis Mutter die Geduld ausging und sie nicht mehr schwieg. Ich zitterte am ganzen Körper. Ich blieb bei den Eltern, obwohl sie mich in mein Zimmer schickten. Ich hatte Angst um sie. Vater steigerte sich an diesem Abend in eine immer größere Erregung hinein. Er riß das Fenster auf und wollte Mutter auf die Straße werfen. Es gab zwischen ihnen eine richtige Balgerei. Wir wohnten im vierten Stockwerk. In meiner hellen Angst stürzte ich mich auf den Vater. Ich denke, ich habe mit Fäusten auf ihn eingeschlagen. Das war ganz, ganz schlimm. Mutter und ich konnten dann aus der Wohnung flüchten und kehrten erst Stunden danach wieder zurück. Es war schon nach Mitternacht. Wir verbarrikadierten uns in meinem Zimmer. Am nächsten Morgen tat Vater so, als wäre nichts passiert. Er lachte uns aus, wir hätten ein Märchen erfunden. Er konnte sich nicht an das erinnern, was geschehen war. Ich hielt es für einen der faulen Tricks meines Vaters. Bei ihm wußte man wirklich nicht mehr, was Lüge und was Wahrheit war. Seit jenem Abend ging ich nicht zu Bett, ehe mein Vater heimgekehrt war von seiner Trinktour und ehe ich dafür gesorgt hatte, daß er im Bett lag.

Vater gab gerne mit mir als seiner fürsorglichen Tochter an. Eigentlich wollte er damit bei anderen meine Mutter schlecht machen, weil sie sich nach seiner Meinung zu wenig um ihn kümmerte. Diese Vernachlässigung gab er auch als Grund für sein Trinken an.

In Wirklichkeit sah es ganz anders aus. Meine Fürsorge galt in erster Linie meiner Mutter. Ich hatte unheimliche Angst, sie zu verlieren. Ich hatte Angst, Vater könnte sie wirklich einmal aus dem Fenster werfen, wenn ich nicht da war. Ich mußte sie beschützen. Einen Vater zu haben, der eines Tages meine Mutter tatsächlich aus dem Fenster werfen würde und sie dabei zu Tode kommen könnte, dieser Gedanke machte mich wahnsinnig.

Damals hatte ich nur noch wenige Kontakte zu meinen Mitschülerinnen und den Nachbarskindern. Freundinnen hatte ich sowieso nicht mehr. Die hätte ich ja auch nicht nach Hause mitnehmen können. Es wäre für mich noch schlimmer geworden, wenn sie erlebt hätten, wie es bei uns wirklich aussah. Ich spielte „heile Welt" und steckte doch voller Scham. Wenn ich sah, daß im Aufzug Menschen waren, ging ich nicht hinein, sondern lief die Treppen hoch. Ich hatte Angst vor ihren Blicken, auch Angst, daß sie mich ansprechen könnten. Sie wußten doch nur allzugut, was bei uns los war. Ich denke, hätte Vater sich so geschämt wie ich, er hätte mit dem Trinken aufhören müssen.

Und da war noch etwas, was mich einsam machte. Unser Familienleben war, wie Marlenes Schiff, einsam und verlassen, von Wellen bedroht. Mutter ging kaum noch aus dem Haus. Auch Verwandte und Freunde hatten sich zurückgezogen. Selbst die Oma kam nur noch ganz selten. Vater hatte sie einmal rausgeschmissen. So hatte Mutter nur noch mich. Sie schüttete ihr Herz bei mir aus, weinte sich aus oder fragte mich um Rat. Ich meine, das fing an, als ich sieben, acht Jahre alt war. Das tat mir einerseits gut. Aber dann hatte ich Vater gegenüber ein schlechtes Gewissen. Mutter erzählte mir Dinge, die nicht für meine Ohren bestimmt waren. So machte ich mir große Sorgen um beide. Natürlich wurde ich von Mutter entschädigt und bekam dieses und jenes, wenn das Geld reichte. Sie erfüllte mir auch meine Wünsche, soweit sie es konnte. Auch Vater machte mir oft große Geschenke. Er wollte wohl wieder gutmachen, was er mir angetan hatte. Aber dann hatte ich auch den Eindruck, er wollte mich von der Seite der Mutter weglocken. Wir hielten nämlich immer mehr zusammen, suchten beieinander Schutz.

Das Leben im Elternhaus hat mich schon früh sehr geprägt und verändert. An eine richtige Kindheit kann ich mich nicht erinnern. Gleichaltrige mit ihrem Gehabe kamen mir oft recht albern vor. So wurde ich bei ihnen immer mehr zur Außenseiterein. Auch wagte ich nicht, meine Mutter mit meinen eigenen Fragen und Sorgen zu belasten. Ich sah, wie sie am Rande ihrer Kräfte lebte. Manchmal sagte sie, wenn sie ganz verzweifelt war, daß alles keinen Sinn mehr habe, daß das Leben sinnlos sei. Ich hatte dann riesengroße Angst, sie würde sich etwas antun.

Wenn ich heute daran zurückdenke, graust es mir. Aber ich brauche mich jetzt mit neunzehn Jahren nicht mehr mit diesen Sorgen und der Verantwortung abzuplagen, wie damals in der Kindheit.

Angst um die Mutter

Gudrun beschreibt die Angst um ihre Mutter ausführlich. Sie ist bei vielen anderen Kindern in Familien mit einer Suchtproblematik auch vorhanden. An Szenen, in denen sie erleben, daß die Mutter vom Vater bedroht wird, mangelt es nicht.

„Einen Vater zu haben, der eines Tages meine Mutter tatsächlich aus dem Fenster werfen würde und sie dabei zu Tode kommen könnte, dieser Gedanken machte mich wahnsinnig." Aus dieser Angst beschützt Gudrun die Mutter und den Vater. Wenn er von einer Trinktour heimkommt, wartet sie auf ihn und bringt ihn zunächst ins Bett, ehe sie sich selbst schlafen legt. Auch lauscht sie gelegentlich an der Schlafzimmertür.

Ihr Verhalten deutet der Vater als Fürsorge für sich selbst und wirbt, wie auch die Mutter, mit Geschenken und der Erfüllung von Wünschen um die Gunst der Tochter. Auch das sind ungünstige Bedingungen zum Gelingen des Erwachsenwerdens. Gudrun steht nämlich selbst in der Gefahr, daß die von ihr kritisierte romantische Einstellung der Mutter zur eigenen wird. Sie beschützte ja mit Erfolg den Vater, daß er die Mutter nicht aus dem Fenster warf. Hoffentlich geht sie nicht eine Partnerschaft mit einem Mann ein, dessen Probleme sie zu lösen versucht, natürlich besser, wie sie vielleicht denken mag, als es die Mutter bei ihrem Mann geschafft hat.

„Bitte, lieber Gott, mach, daß er nicht reinkommt"
(Dieter, 23 Jahre)

Am frühen Morgen, fünf Minuten vor sechs, es wurde gerade hell, da brachten sie ihn. Zwei Männer führten ihn. Er stammelte wirres Zeug. Sein Hemd hing heraus. Jetzt sah ich es mit eigenen Augen: Das war also der Grund, warum es am Abend öfter ein Geschrei gab. Was ich befürchtet hatte, war Wirklichkeit geworden, nicht mehr verdrängbar.

Eine andere Situation. In einer halben Stunde gibt es die Spätnachrichten. Meine Schwester und ich sind bereits im Bett. Papa ist wieder weg. Ich kann nicht einschlafen, solange er nicht zurück ist. Unten läuft der Fernseher. Da kommen Schritte. Ich höre, wie die Haustürklinke niedergedrückt wird. Ist er es? Hoffentlich, oder auch nicht! Mutter macht auf. Er ist es! Er mosert schon wieder im Flur herum. Die Stimmen werden lauter. Ich verstehe bloß Wortfetzen. Dann kommt die Tante, Papas Schwester, zu uns ins Zimmer. Ich stelle mich schlafend, horche aber noch genauer hin. Jetzt geht jemand die Treppe hoch. Es ist Mutter. Ich höre, wie sie schnell geht. Dann ist Stille. Er muß noch unten sein. Ist er eingeschlafen? Soll ich runtergehen und ihn wecken, oder soll ich so tun, als müßte ich aufs Klo und dabei nach ihm schauen? Oder soll ich jetzt nicht endlich einschlafen? Da geht unten die Türe. Er kommt die Treppen hoch, schwerfällig, und dann auf die Tür meines Zimmers zu. Ist sie abgeschlossen? Oh, mein Gott, sie ist nicht abgeschlossen! Was mache ich denn, wenn er jetzt reinkommt, wie beim letzten Mal? Bitte, lieber Gott, mach, daß er nicht reinkommt! Er geht vorbei. Danke, lieber Gott! Die Tür zum anderen Zimmer knallt. Dann ist Ruhe. Endlich!

Ein anderer Tag. Vater kommt gerade heim. Ich beeile mich mit dem Essen. Ich will fertig werden, bevor er wieder anfängt zu „predigen", und will mich dann verziehen. Ich kann sein Predigen und das Geschrei nicht mehr hören. Er kommt herein, setzt sich hin, grinst widerlich und stinkt eklig aus dem Mund. Es würgt mich. Erbrechen könnte ich mich! Aber er scheint guter Laune zu sein. Es geht heute wohl ohne Streit ab. Oder? Er fängt an, übers Fernsehprogramm zu lamentieren, wie man sich so was überhaupt anschauen könne. Niemand von uns erwidert etwas. Es ist so sinnlos, wie gegen eine Schallplatte anzureden, sie vom Gegenteil ihres Inhaltes überzeugen zu wollen.

Ich gehe in mein Zimmer, will Musik hören, richtig schön laut und dabei alles vergessen und verdrängen. Aber es klappt nicht so richtig. Immer wieder drehe ich die Musik leise, horche nach unten, ob es Krach gibt, ob ich helfen muß, ob meine Mutter mich braucht. Aber es passiert lange Zeit nichts. Ich gehe nach unten und schaue fern. In Wirklichkeit aber will ich sehen, was los ist. Die anderen tun so, als ob Vater Luft wäre. Er sitzt am Tisch, den Kopf in den Händen. Als er etwas sagen will, merke ich, daß er weint, so richtig jämmerlich weint. Ich schaue fragend zu den anderen hin. Die lassen sich davon nicht beeindrucken. Nun beginnt es in mir zu wühlen. Ich gehe wieder nach oben zu meiner Musik. Ich lasse sie laut spielen, aber ich höre nicht hin. Ich liege auf dem Bett und weine auch, richtig jämmerlich! Was hat er da zum Schluß gesagt? Nun hätten wir es endlich geschafft! Wir hätten ihn da, wo wir ihn hinhaben wollten, am Boden. Ja, er liegt am Boden. Aber nun soll ich auch noch daran schuld sein? Ich kann es nicht verkraften, so einen ungerechten Vater zu haben.

Ein andermal. „Ihr habt keine Ahnung, wie es in der Welt aussieht", lamentiert mein Vater wieder. „Das siehst du doch selber am wenigsten. Du kennst nur das Wirtshaus und deine Kumpanen. Du bist ja dauernd betrunken. Du bist gar nicht mehr nüchtern", gebe ich zurück. „Und du mußt erst einmal Geld verdienen, bevor du solche Ansprüche stellst." – „Ja, das ist es, was du mir immer vorwirfst, weil du mir das Studium nicht gönnst. Du würdest die paar Mark, die ich von dir bekomme, am liebsten auch noch versaufen." Er: „Ich kann mit meinem Geld machen, was ich will. Das geht dich gar nichts an, verstehst du! Verdiene erst mal was, dann kannst du mitreden, oder ist es dir schon mal schlecht gegangen? Du hast doch alles, was du brauchst!" – „Nein, ich brauche einen Vater!" Ich bin verzweifelt, weine und renne fort.

Andere Kinder sind stolz auf ihren Vater und sagen es auch. Und ich? Ich muß mir von ihm sagen lassen, daß ich ihn zugrunde richte, obwohl er doch in Wirklichkeit uns zugrunde richtet. Nein, einem solchen Menschen kann ich kein Vertrauen entgegenbringen, keine Liebe schenken, ihm nicht glauben, ihn nicht ernst nehmen. Vor einiger Zeit gab ich ihm den Mündigkeitsstatus eines Fünfjährigen. Ich begann, über ihn zu lächeln. Seitdem habe ich eigentlich keinen Vater mehr. Von da an war ich erwachsener als er.

Nicht nachdenken müssen

Es ist schon erstaunlich, daß Dieter bei diesen Belastungen im Elternhaus in der Lage war, das Abitur zu machen und zu studieren. Er fährt an jedem Wochenende etwa hundert Kilometer heim, um zu schauen, wie seine Mutter, Schwester und Tante mit dem zurechtkommen, den er nicht ernst nehmen kann, über den er lächelt, dem er den Mündigkeitsstatus eines Fünfjährigen gibt, der eigentlich kein Vater mehr für ihn ist. „Von da an war ich erwachsener als er." Aus dieser Aussage wird Dieters neue Rolle in der Familie verstehbar. Und jedes Mal, wenn er nach Hause kommt, erlebt er das alte Durcheinander. Er hat nicht eine Familie, in der er am Wochenende ausspannen kann, in der er sich aufgehoben weiß. Im Gegenteil, er hat harte Arbeit zu leisten.

Gelegentlich wurde er von Kommilitonen angesprochen, warum er sich so zurückzieht, Kontakte meidet. Er wohnt in einem Studentenwohnheim. Erst nach dem Seminar für Kinder und Eltern, in dem es erstmals ein offenes Gespräch mit dem Vater gibt, war es ihm möglich, sich einigen Studenten, mit denen er sich in einer christlichen Studentengruppe trifft, anzuvertrauen. Er fand bei ihnen Verständnis.

Weitgehend stürzte er sich jedoch in sein Studium, um sich durch gute Leistungen bestätigt zu fühlen und nicht nachdenken zu müssen über Angst und Unsicherheit, seine täglichen Begleiter.

Seitdem sein Vater alkoholfrei lebt, fährt er zwar auch noch jedes Wochenende heim, jedoch ohne Angst haben zu müssen, daß der Vater betrunken von Fremden heimgebracht wird oder andere schlimme Dinge in der Familie passiert sind.

Suchtbedingte Rollen der Kinder

Im Alltag unserer pluralistischen Gesellschaft und unserer schnelllebigen Zeit hat die Vielfalt der Rollen, in denen wir uns bewegen müssen, erheblich zugenommen. Immer häufiger müssen wir aus einer Rolle in die andere wechseln, und das fordert ein hohes Maß an Anpassung und die Fähigkeit, sich immer wieder umzustellen. Hinzu kommt eine ausgeklügelte Werbung, die uns sagt, was wir zu tun und zu lassen haben, um nicht als rückständig zu gelten und so aus der Norm, der Rolle zu fallen. All das steht der Wahrung und der Entwicklung einer selbständigen Persönlichkeit entgegen. Die Auswirkungen für die Kinder sind um so gravierender, je weniger sie in ihrer Familie Orientierung finden durch die Leitbildfunktion der Eltern. Kinder aus Familien mit einer Alkoholproblematik leiden unter all dem noch mehr, da sie zusätzlichen Problemen ausgeliefert sind.

Alkoholabhängige meinen immer wieder, besonders ihre kleinen Kinder hätten von dem, was in der Familie passiert ist, wenig oder gar nichts mitbekommen. Das ist ein großer Irrtum. Sie sind besonders sensibel und nehmen Störungen fast seismographisch wahr. Es ist einfach unmöglich, daß eine Mutter trotz aller Mühe vor ihren Kindern verbergen kann, wenn sie gereizt, nervös und unkonzentriert ist, einfach voller Probleme, die aus dem Suchtgeschehen kommen.

Unter dem Streß und den Ängsten, denen die Kinder in der Familie ausgesetzt sind, dazu der Angst, von der Umwelt als Kinder aus einer „Trinkerfamilie" erkannt zu werden, bildet sich ein Rollenverhalten, das unter Berücksichtigung ihrer Persönlichkeitsstruktur und ihrer Stellung unter den Geschwistern für sie kennzeichnend ist. Die so entstandenen Rollen sind tief verankert und lassen sich durch Einsichten und Wille nicht ohne weiteres verändern. Das wird aus den Berichten immer wieder deutlich. In dem folgenden Bericht schildert Monika anschaulich, was sie an sich selbst und ihren Geschwistern beobachtet hat. Zuvor wollen wir jedoch einen Einblick in die tragische Rollenproblematik einer Familie während und dann nach der Suchtphase gewinnen.

Herr B. ist mir aus seiner Therapiezeit bekannt. Sie liegt viele Jahre zurück. Er ist Vater von fünf Kindern. Viele Jahre hat er normal trinken können. Doch dann wurde er süchtig und nach und nach in mancher Hinsicht auffällig. So gab es auch einen Abstieg in der Qualität der Lokale, die er aufsuchte, bis er an der Stehbierbude landete. Er wechselte das Lokal, wenn ihm deutlich wurde, daß er dort unerwünscht war. Unter Alkoholeinwirkung sang er gerne, schlief am Tisch ein und war ungepflegt. So ging er dann dahin, wo er nicht auffiel, wenn er sang oder am Tisch einschlief.

Die Familie wohnte in einer guten Wohngegend. Er lebte dort zunächst unauffällig und war geschätzt. Bedingt durch sein süchtiges, unkontrolliertes Trinken kam es aber immer wieder zu lautstarken Auseinandersetzungen in der Familie während der Nacht und auch zu Tätlichkeiten. Dadurch fühlten sich die Nachbarn beeinträchtigt und ließen ihn und auch seine Familie das spüren. Jetzt fiel er auch äußerlich immer mehr auf, wurde zum Ärgernis. Wiederholt gab es große Mietrückstände. Dann wurde der Familie die Wohnung gekündigt. Sie erlebten sich als Außenseiter. Über das Ordnungsamt bekamen sie eine Billigwohnung in einem Viertel zugewiesen, in dem der Vater keineswegs durch sein Verhalten aus der Rolle fiel. Im Gegenteil, andere trieben es noch viel schlimmer.

Für die Kinder und die Mutter war es dagegen eine Katastrophe, in der engen Wohnung und dem neuen Milieu leben zu müssen. Der Vater tröstete sich mit Alkohol. Die Kinder wagten nicht, den Kontakt zu ihren alten Spielgefährten zu suchen. Sie schämten sich. Fast alle fielen erheblich in ihren schulischen Leistungen ab. Über eine Beratungsstelle kam der Vater freiwillig in eine stationäre Therapie. Schon das löste bei den Nachbarn Befremden aus, denn in der Regel wurden aus diesem Milieu Alkoholabhängige zwangsweise in einer psychiatrischen Klinik untergebracht.

Durch die Behandlung wurde der Vater abstinent und blieb es auch. Er ging wieder einer geregelten Arbeit als Facharbeiter nach. Die Familie hatte nun ausreichend Geld und konnte entsprechend leben. In ihrer Umgebung fielen sie damit nun wieder aus der Rolle und bekamen erhebliche Schwierigkeiten. Wieder waren sie Außenseiter.

Bei der Suche nach einer neuen Wohnung erlebten sie gleichfalls Ablehnung, wenn sie sagten, woher sie kamen. Nun standen sie zwischen den Fronten. Die einen und die anderen wollten sie nicht haben. Sie waren oft verzweifelt. Wie sollten vor allem die Kinder das verstehen?

Mit Hilfe des Pfarrers aus der alten Gemeinde bekamen sie eine Wohnung. Das war eine Erlösung für die gesamte Familie. Sie gewann ihren sozialen Status zurück. Auch die Kinder konnten schulisch nachholen, was sie situationsbedingt nicht geschafft hatten.

„Wir als Angehörige brauchten Hilfe"
(Monika, 26 Jahre)

Ich möchte mit dem, was ich schreibe, niemandem wehtun, weder meinem Vater noch meiner Mutter, auch anderen Vätern und Müttern nicht. Auch keinem anderen Menschen.

Meine Eltern haben mir eine gute Ausbildung ermöglicht. Dafür bin ich ihnen dankbar. Als ich erfuhr, daß an einem Buch geschrieben wird, das das Schicksal von Kindern aus Familien mit Alkoholismus aufzeigt, entstand spontan der Wunsch in mir, mich daran zu beteiligen. Diesem Wunsch liegt Dankbarkeit zugrunde. Was wäre aus mir geworden, wäre Vater vor acht Jahren nicht gesund geworden! Ich hoffe, mein Beitrag wird Familienangehörigen, besonders Kindern, helfen, sich in dem, was ich schreibe, wiederzufinden. Vielleicht werden sie ein wenig Mut schöpfen, so daß auch für sie aus dem Leid neues Leben erwachsen kann.

Bis zum achten Lebensjahr war unser Familienleben gut und geordnet. Jeweils in zwei Jahren Abstand wurden nach mir meine Brüder geboren. Ich freute mich, Geschwister zu haben. Ich war ja die Älteste, die Große, und das tat mir gut. Meine Eltern kümmerten sich rührend um uns. Wenn mein Vater von der Arbeit heimkam, hatte er Zeit für uns und spielte mit uns. Ich als Tochter hatte besonders einen Stein bei ihm im Brett. Ich durfte mir schon mancherlei herausnehmen, mehr als meine Brüder. Ich gebe zu, daß es bei uns nach dem Willen des Vaters gehen mußte. Wenn nicht, gab es Mißstimmigkeiten, auch zwischen den Eltern. Ich will nicht sagen, daß mein Vater autoritär war, aber er duldete keinen Widerspruch. Gehorchen wurde von ihm belohnt mit Süßigkeiten oder anderen Vergünstigungen. Ungehorsam zog Strafe nach sich. Also war er wohl doch autoritär. Auch die Launen meines Vaters wurden von uns sehr beachtet. War er gut gelaunt, hatten wir es auch zu sein. War er es nicht, mußten wir uns vorsehen, um nicht seinen Zorn zu erregen. Auch Mutter war darauf bedacht, daß durch uns kein Streit oder eine Mißstimmung entstand. Ja, wir mußten immer schön artig sein.

Als ich sieben Jahre war, begannen meine Eltern das Haus zu bauen, in dem sie noch heute wohnen. Es wurde ein großes Haus. Vater hatte sich wohl finanziell übernommen. So wurde an allen Ecken und Enden gespart, und Mutter mußte eine Halbtagsstelle annehmen. Vater machte vieles auf dem Bau selbst, und Mutter mußte ihm dabei helfen, obwohl sie körperlich nicht die Stärkste ist. So verbrachten wir als Familie viele Abende und die Wochenenden auf dem Bau.

Ich erinnere mich, daß Mutter nach und nach unzufrieden wurde. Es wurde ihr alles zuviel. Sie wurde nervös und sah schlecht aus. Ich nahm ihr schon einige Arbeit mit den beiden Kleinen ab, aber ich konnte doch recht wenig tun. Es gab gelegentlich Streit zwischen den Eltern. Mutter weinte dann, und Vater verschwand in der Wirtschaft oder holte sich einen Kasten Bier auf den Bau. Später brachte ein Lieferant die Kästen. Vater begann täglich mit denen zu trinken, die ihm halfen. Die Arbeit ging nicht mehr recht voran. Das Geld wurde noch knapper und der Streit zwischen den Eltern immer größer. Es gab immer mehr Auseinandersetzungen. Auch mit groben Worten. Das war für mich und meine Geschwister schlimm.

Ich hörte den Vater gelegentlich drohen, daß er alles hinschmeißen und nicht weiterbauen werde. Das Bauen zog sich über zweieinhalb Jahre hin, bis alles notdürftig fertig war und wir einziehen konnten. Das war zunächst eine Erlösung. Aber so rechte Freude und ein rechtes Familienleben kamen nicht wieder auf. Zwischen

Vater und Mutter war ein Riß entstanden. Das merkte ich sehr deutlich.

Und da begann das Übel für mich. Ich wollte den Riß zwischen den beiden kitten. Ich wollte Vater und Mutter wieder zusammenbringen, damit es so würde, wie es früher war. Ich litt sehr darunter, daß sie sich nicht mehr verstanden und Vater gelegentlich angetrunken in der Ecke saß und vor sich hin stierte.

Ich war in dieser Zeit besonders lieb zu Vater und auch zu Mutter. Sie mußte immer noch im Geschäft arbeiten. Die Kleinen wurden oft von Opa versorgt. Oma war bereits gestorben. Jetzt bekam Opa von der Mutter das Essen. Das war meinem Vater nicht recht. Er wurde immer mehr ein unzufriedener Mensch. Wenn er von der Arbeit heimkam, verzog er sich in seinen Keller, wo er sich eine Werkstatt eingerichtet hatte. Es gab ja noch immer viel zu tun im Haus.

Rückblickend denke ich, daß es ihm recht war, nicht bei der Familie sein zu müssen. Ich ging immer wieder zu ihm runter, half ihm, war seine liebe Tochter. Mit ihm zu reden über das, was mich betraf, wagte ich nicht. Aber ich spürte genau, es beunruhigte mich bis abends im Bett, daß der Frieden in unserem Haus nicht zu halten war. Ich gewann den Eindruck, daß Vater nicht wegen des Arbeitens in den Keller ging, sondern um dort heimlich und ungestört trinken zu können. Natürlich bekamen das auch meine beiden Brüder mit. Auch sie wurden unsicher. Sie suchten die Nähe des Vaters und fanden sie nicht.

Unser Vater konnte herzensgut sein und ist es bis heute noch. Aber dann konnte es umschlagen ins Gegenteil. Dann gab es wie aus heiterem Himmel Blitz und Donner.

Ralf, der mittlere, entwickelte sich zu einem richtigen Kasper. So schaffte er sich seinen Freiraum in der Spannung zwischen den Eltern. Er hat gelegentlich wirklich schwierige Situationen gelöst, weil er uns zum Lachen brachte, sogar meinen Vater. Selbst wenn wir verzweifelt dasaßen, verstand er es, uns aufzumuntern. Er wußte über alles Bescheid, auch über die Nachbarschaft. Er war unsere Straßenzeitung. Er brachte die Neuigkeiten heim. Wir waren froh, Ralf zu haben, der Licht in das immer dunkler werdende Familienleben brachte.

Vater trank immer öfter und auch mehr. Oft saß er mit glasigen Augen am Tisch, Mutter weinte. Und ich versuchte, beiden Gutes zu tun, beiden eine Freude zu machen. So stellte ich ihnen z. B. Blumen auf den Nachttisch oder legte eine Kleinigkeit für sie hin. Ich hatte das Ziel, sie miteinander zu versöhnen. Mitunter hatte ich den Eindruck, daß es mir gelungen war. Das machte mich unendlich froh. Aber dann gab es bald wieder eine bittere Enttäuschung, und sie gingen sich aus dem Weg.

Thorsten, mein jüngster Bruder, ist von klein auf sehr sensibel gewesen. Ich denke, er hat am meisten unter den Streitereien, unter der ständigen Angst gelitten. Er war ein schüchternes, zurückgezogenes Kind. Er sah blaß aus, lebte mehr wie ein Schatten. Er bemühte sich, nur nicht anzuecken, nur nicht aufzufallen, während Ralf und ich auch schon mal einen Streich machten. Thorsten verkroch sich am liebsten in seine Ecke. Er war oft in seinem Zimmer. Später las er viel und hörte laute Musik. Mitunter lief er wie geistesabwesend mit seinem Walkman durch die Gegend. Es war schwer, mit ihm Kontakt zu bekommen. Er ist auch heute mehr ein Einzelgänger. Schade! Er ist sonst ein prima Kerl. Er hat es schwer, Kontakt mit seinen Mitmenschen aufzunehmen. Er ist jetzt zweiundzwanzig Jahre und ist tüchtig in seinem erlernten Beruf.

Aber nun zurück zu mir selbst. Ich mag vierzehn, fünfzehn Jahre alt gewesen sein, als ich begann, Vater gelegentlich zu hassen. Nicht so, daß ich es ihm öffentlich gezeigt hätte. Ich hatte es noch immer nicht aufgegeben, die Eltern wieder zusammenbringen zu wollen. Meine Ablehnung Vater gegenüber sollte nur die Strafe zur Besserung sein. Aber auch das half nichts. Vater verkroch sich noch mehr in seinen Keller. Er wurde immer mehr zu einem Kostgänger in unserer Familie. Gelegentlich brüllte er uns so zusammen, daß auch die Nachbarn mitbekamen, was bei uns los war. Das tat mir sehr weh, denn nun begann ich mich auch in der Öffentlichkeit wegen meines Vaters zu schämen. Und so verstärkten sich die Haßgefühle in mir und erzeugten auch Schuldgefühle. Denn ich hatte ja gelernt: „Du sollst Vater und Mutter ehren, auf daß es dir wohlgehe und du lange lebest auf Erden." Und ich, ich haßte meinen Vater. Dann wird es mir nicht wohlgehen, dachte ich.

Auch Mutter verstand ich nicht mehr. Sie jammerte und klagte, hatte ständig verweinte Augen und schüttete immer mehr ihr Herz bei mir aus. Damals starb auch Opa, so daß sie jetzt noch mehr bei mir ablud. Ich riet ihr einige Male ganz ernsthaft, sich scheiden zu lassen, auch wenn wir aus dem Haus ausziehen müßten. Es war einfach nicht mehr zum Aushalten. Aber nichts passierte. So begann ich auch Mutter zu verachten, wenn auch nicht so wie Vater. Aber ich konnte nicht verstehen, warum sie nichts unternahm. Wir waren doch die eigentlich Leidenden und Verzweifelten. Und sie bereitete dem kein Ende. Trank Vater mal einige Tage nicht, dann war sie ausgesprochen lieb zu ihm. Das konnte ich schon gar nicht verstehen. Ich blieb bei meiner Ablehnung und ließ es Vater immer deutlicher spüren, daß ich ihn nicht mehr mochte. Er geriet auch in meinen Gefühlen immer mehr in den Keller.

Ich war sehr verzweifelt. Meine schulischen Leistungen wurden immer schlechter. Die Versetzung war gefährdet. Ich war sonst eine gute Schülerin gewesen. Mein Vater probte den Aufstand. Er beschimpfte mich und die Mutter, daß sie nicht genügend acht auf mich gäbe. Mutter hatte damals keine Gewalt mehr über mich. Ich begann meine eigenen Wege zu gehen, kam abends oft erst spät heim. Besonders dankbar bin ich Ursula, einer guten Freundin. Sie hat sich meiner angenommen. Ich konnte mich bei ihr ausheulen. Sie bewahrte mich davor, in schlechte Kreise zu geraten. Diese Gefahr bestand nämlich ernsthaft.

Wenn die Luft zu Hause besonders dick war, scharten wir uns um die Mutter. Das war aber mehr eine Notgemeinschaft. Ein geschwisterliches Verhältnis zu meinen Brüdern habe ich damals nicht so recht gewonnen. Jeder versuchte auf seine Weise, mit den Problemen zu Hause und mit seinen eigenen fertigzuwerden. Wir merkten, daß es so nicht weitergehen konnte.

Mutter versuchte am stärksten, das Trinken des Vaters nach außen hin zu vertuschen. Sie kam aus einer Familie, die einen besonders guten Ruf hatte. Und nun war es für sie besonders schlimm, mit einem Trinker verheiratet zu sein. Später arbeitete sie ganztags und suchte am Arbeitsplatz Ausgleich und Anerkennung. Sie legte auch großen Wert auf gute Kleidung. Vater lief dagegen oft ungepflegt herum. Das traf mich hart.

Mutter hätte es mit Vater noch einige Zeit ausgehalten. Wie sie das schaffte, weiß ich nicht. Ich verübelte ihr, daß sie nichts unternahm. Ich hatte ihr einen Prospekt von einer Beratungsstelle mitgebracht. Aber Mutter war einfach zu stolz, dorthin zu gehen und sich Rat zu holen. Oder war es Scham? Ob sie Vater gesagt hat, daß er hingehen solle? Ich glaube es kaum.

Auch weiß ich, daß sie Vaters Trinken verniedlichte, als eine Sozialarbeiterin vom Werk zu uns kam. Vater hatte dort eine gute Position, um die wir alle bangten. Vater war am Arbeitsplatz mehrmals aufgefallen. Die Firmenleitung drohte ihm mit Entlassung, wenn er nichts gegen seine Sucht unternähme. Ich verstand Mutter nicht mehr. Ich wäre so froh gewesen, wenn Vater irgendwo weggekommen wäre, gleich wohin. Auch mich belastete sehr, es könnte etwas in der Firma passieren und Vater würde entlassen und arbeitslos werden. Auch sehnte ich mich nach Ruhe in der Familie, nach dem Ende dieser schrecklichen Spannungen und dieser Hoffnungslosigkeit.

Das Maß war aber noch nicht voll. Vater hatte mit zwei Promille seinen zweiten Verkehrsunfall. Ihm wurde sofort der Führerschein entzogen. Nun mußte ihn Mutter, zusätzlich zu ihrer Arbeit, zum Werk fahren. Und das waren dreißig Kilometer, die einfache Fahrt gerechnet. Die Busverbindung war sehr ungünstig. In dieser Zeit kam die Sozialarbeiterin zum zweiten Mal zu uns. Vater hatte seine zweite schriftliche Verwarnung erhalten und bekam die Auflage, sich umgehend in einem Krankenhaus entgiften zu lassen und anschließend in eine Therapie zu gehen. Falls er das nicht befolge, werde man ihn entlassen. Mutter war nun heillos durcheinander. Wie sollten die Schulden vom Hausbau bezahlt werden, wenn Vater den Arbeitsplatz verlor? Was würden die Leute sagen, wenn er in eine Trinkerheilanstalt eingewiesen würde? Aber dann änderte sich bei ihr über Nacht etwas. Sie wurde konsequent, drängte darauf, daß Vater zur Behandlung wegkomme. Im Grunde, so denke ich, tat er ihr doch leid. Aber vielleicht tat sie sich selbst leid, denn nun konnte sie es nicht mehr verheimlichen, daß sie einen Trinker zum Mann hatte.

Vater kam zur Entgiftung in ein psychiatrisches Krankenhaus und nach vier Wochen zu einer sechsmonatigen Therapie in den Odenwald.

Vor einiger Zeit erzählte er mir, er sei froh gewesen, daß endlich etwas passiert war, was ihm keinen Ausweg mehr offen ließ, so weiterzuleben. Er war damals sehr heruntergekommen. Er brauchte täglich Alkohol, schon am frühen Morgen, sonst zitterte er wie Espenlaub. Aber nicht nur er, wir alle waren am Ende unserer Kräfte. War das der Weg, den wir gehen mußten? Wenn auch das Ende dieses Weges für uns alle zu einem Neuanfang wurde, denke ich heute, daß zunächst wir als Angehörige Hilfe gebraucht hätten. Unwissenheit, Vorurteile und Scham hinderten uns, mit unserem Familienproblem Alkoholismus nüchterner umzugehen.

Die Rolle der Ehefrau und Mutter – und die Rollenentwicklung der Kinder

Ich kenne Monikas Mutter gut aus Seminaren und Gesprächen. Sie ist eine gutaussehende Frau, die weiß, was sie will und auch versucht durchzusetzen, was sie will. Ihre Eltern waren gegen die Heirat, da ihr Freund nicht standesgemäß war. Sie aber wollte ihn standesgemäß machen, es ihren Eltern und Geschwistern beweisen, daß sie es schafft. Sie engagierte sich auch für seine schulische und berufliche Weiterbildung. Dabei ließ sie auch ihre Beziehungen spielen.

Um ihren Vorstellungen zu entsprechen, mußte ihr Mann bis an die Grenze des für ihn möglichen arbeiten. Im Vergleich mit anderen verstärkten sich seine Minderwertigkeitskomplexe. Er hätte sich mit der Position eines Meisters zufriedengegeben, wie er mir sagte. Ein richtiger Akademiker wurde er nicht. Es fehlte ihm an der entsprechenden Allgemeinbildung. Und das bekam er, vor allem in der Familie seiner Frau, zu spüren. Das erlebte auch seine Frau als Niederlage. Er wäre eher als seine Frau bereit gewesen, diese Realität anzunehmen. Er scheute sich, eine – wenn auch für alle harte – Entscheidung zu treffen. So begann sein Ausweichen, seine Flucht in die narkotisierende Wirkung des Alkohols. Das verstärkte sich, als die weitere Belastung durch den Bau des Hauses kam, das ein Superhaus werden sollte.

Wenn schon ihr Mann nicht ihre Vorstellungen verwirklichte,

erhoffte sie dies jedoch von ihren Kindern. Für sie opferte sie sich auf, ihr Mann wurde immer mehr zur „Begleitmusik". Mit dem Trinken begann sein Abstieg in den „Keller". Durch die Sorge um sein sich verstärkendes Trinken und das entsprechende Trinkverhalten blieb er jedoch der Mittelpunkt im Leben der Frau und auch der Kinder. Um ihn kreiste die Familie, und das beeinflußte die Entwicklung der besonderen Rollen der Kinder, wie sie in Familien mit Alkoholismus oft vorzufinden ist.

In jeder Familie kommen Kinder in bestimmte Rollen hinein. Zum Beispiel bleiben die Ältesten mit ihrem zeitlichen und entwicklungsbedingten Vorsprung in der Regel „die Ältesten", auch nach vierzig und mehr Jahren. Und die Jüngsten bleiben „die Jüngsten", auch wenn sie es beruflich weitergebracht haben als die anderen. Und der einzige Sohn unter mehreren Schwestern wird fast automatisch „der Prinz".

So ist es zunächst auch in der Familie mit einem alkoholabhängigen Vater. Was hier jedoch anders ist, sind suchtbedingte Ängste, ausgelöst durch den trinkenden Vater, und auch die Schamgefühle, zu dieser Alkoholikerfamilie zu gehören. Die Angehörigen erleben sich zunehmend als machtlos, eine positive Veränderung herbeizuführen. Aus diesen und weiteren negativen Umständen entwickeln die Kinder suchttypische Rollen.

In Monikas Familie sind diese zusätzlich durch den hohen Anspruch der Mutter geprägt, eine wenigstens ebenso gute Familie zu haben wie ihre Geschwister.

Oft hat sie mit ihren Kindern über den Vater gesprochen. Sie haben immer wieder neue Pläne entworfen, um ihn zu retten. Und wenn sie ihn schon nicht retten konnten, dann wollten sie wenigstens nicht an seinem „Ertrinken" schuldig sein. Aber auch jeder für sich entwickelte seine eigene Strategie.

Die amerikanische Sucht- und Familientherapeutin Sharon Wegscheider arbeitete vier Rollen für Kinder mit einem alkoholabhängigen Elternteil heraus: der Held und Retter, das schwarze Schaf, das stille Kind, der Clown.

Monika beschreibt immer wieder, wie sie versuchte, ihrem Vater und ihrer Mutter zu helfen, die gefährdete Ehe zu retten. „Ich ging immer wieder zu Vater runter, half ihm, war seine liebe Tochter."

– „Ich war in dieser Zeit besonders lieb zu Vater und auch zu Mutter." – „Ich wollte Vater und Mutter wieder zusammenbringen." – „Nicht so, daß ich Vater meinen Haß öffentlich gezeigt hätte. Ich hatte es noch immer nicht aufgegeben, die Eltern wieder zusammenzubringen." – Enttäuscht vom Mißlingen ihrer Rettungsversuche, entwickelt sich Haß gegen den Vater und auch Enttäuschung über die Mutter, der sie zur Scheidung riet. Monika ist in der Rolle des *Helden und Retters.*

Und noch etwas berichtet Monika. Sie ist zur Vertrtauten der Mutter geworden. Die Mutter spricht sich bei ihr aus, holt sich Rat bei ihr. So wird sie in bestimmten Situationen zur Mutter der Mutter. Das verleiht ihr eine Position, der sie nicht gewachsen ist. Den Geschwistern und dem Vater bleibt das nicht verborgen. Zwar wird sie von allen geschätzt wegen ihrer herausgehobenen Position, dann aber auch beneidet, manchmal sogar gehaßt. Wenn die Eltern sich gelegentlich vertragen, fühlt sie sich in ihrer Rolle gefährdet. „Trank Vater mal einige Tage nicht, dann war Mutter ausgesprochen lieb zu ihm. Das konnte ich schon gar nicht verstehen."

Thorsten, ihren jüngsten Bruder, charakterisiert Monika als sensibel, schüchtern, zurückgezogen, stark leidend unter den Streitereien der Eltern. Gerade er wird sich viele Gedanken gemacht haben, wie dem Vater, der Mutter zu helfen, wie die Familie vor dem Untergang zu retten ist. Er als der Sensible ist besonders auf den Schutz der Familie angewiesen. Er ist zugleich der Jüngste, der Kleine, der Unerfahrenste, dessen Wort wenig Gewicht hat. So zieht er sich zurück. Er schafft sich seine eigene Welt. Nur noch dort ist es für ihn auszuhalten. Wenn er schon nichts zur Rettung beitragen kann, wenn er schon nicht gehört wird, dann will er wenigstens nicht am Untergang mitbeteiligt sein. Er wird zum *stillen, braven Kind,* das weder Vater noch Mutter belasten will. Außenstehende verstärken oft das Schwachsein dieser Kinder, indem sie sie als brave Kinder loben.

Diese „Thorstens" schotten sich ab durch laute Musik, flüchten gern in eine unwirkliche Welt. Sie „verschlingen" Bücher mit utopischem Inhalt. Mitunter wirken sie teilnahmslos. Wer jedoch ihr Vertrauen gewinnt, erfährt, wie wirklichkeitsnah sie die Situation in der Familie beschreiben und auch beurteilen. Auch überraschen sie mit konstruktiven Gedanken zur Lösung der anstehenden Probleme.

Auch über Ralf, den mittleren, berichtet Monika einiges, was seine unbewußte Rolle zur Rettung der Familie verdeutlicht. „Er hat gelegentlich wirklich schwierige Situationen gelöst. Weil er uns zum Lachen brachte, sogar meinen Vater. Er wußte über alles Bescheid. Er war unsere Straßenzeitung. Er brachte die Neuigkeiten heim." Ralf entwickelte sich zu einem regelrechten Kasper. Er übernahm die *Rolle des Clowns*.

Es gibt viele Kinder in dieser Rolle. Mit ihrer Kasperei bauen sie eine Abwehr auf, um zu verbergen, wie es wirklich in ihnen aussieht. Sie sind enttäuschte Retter. Nun retten sie in ihrer Art, bringen der Familie mit ihrer Clownsrolle Entlastung. Sie sind die witzigen Kerlchen, die man auch sonst gerne mag. Dabei sind sie jedoch einsam. Sie haben viele Bewunderer, knüpfen schnell Kontakte, aber sie haben selten richtige Freunde. Die wollen sie auch nicht haben, denn dann müßten sie sich selbst öffnen, und das wollen sie nicht. Durch ihre Art, auf „jeden Topf einen Deckel" zu wissen, verschleiern sie, wie es tatsächlich in ihnen selbst und zu Hause aussieht. Niemand soll vermuten können, daß ein so lebhaftes, witziges Kind aus einer Alkoholikerfamilie kommt.

Eine weitere typische Rolle unter Kindern ist die des *schwarzen Schafes*. Auch dieses Kind hat sich an der Rettungsaktion für den Vater und die Familie beteiligt. Vielleicht war es dabei zu ungeschickt. Vielleicht waren die anderen ihm geistig überlegen. Sein Wort hatte zu wenig Gewicht. Es zieht sich nicht zurück wie das stille Kind, sondern es lebt seine Retterrolle aus, indem es Probleme schafft. Es schwänzt die Schule, hat vielleicht Kontakte zur Drogenszene, ist auffällig, steht in der Gefahr abzugleiten. Indem es die Aufmerksamkeit auf sich zieht, entlastet es den Vater, der ja auch ein schwarzes Schaf ist. Die Sorgen um dieses Kind können die Eltern vorübergehend zusammenführen. Es kann auch sein, daß der Vater eine Zeitlang nicht trinkt. Das aber hält in der Regel nicht lange an. Die immer größer werdende Ausweglosigkeit kann bei diesen Kindern dazu führen, daß sie das Elternhaus vorzeitig verlassen. So besteht die Gefahr, daß sie in Kreise geraten, in denen sie gefährdet sind und ausgenutzt werden.

Dazu schreibt Karin: „Bei meinen Freunden finde ich das, was ich bei meinen Eltern nicht mehr habe: Zusammengehörigkeit, Freiheit, Zwanglosigkeit, Fröhlichkeit, Vergessen. Meine Eltern werfen mir vor, ich sei vergnügungssüchtig. Vielleicht bin ich es wirklich. Ich stecke wie in einem Teufelskreis. Ich bin immer mehr davon überzeugt, daß es für mich das beste wäre, mich von meinen Eltern loszulösen."

In Gesprächen haben mir Jugendliche, besonders Einzelkinder, berichtet, daß sie alle vier genannten Rollen gleichzeitig einnahmen. Eine Rolle jedoch ist vorherrschend. Letztlich ist jede Rolle zunächst der Versuch, die Familie zu retten. Später geht es darum, selbst zu überleben.

Rückmeldungen von Jugendlichen nach dem Seminar für Kinder und Eltern und nach Familiengesprächen sind ermutigend. Sie sind dadurch sensibler und kritischer sich selbst, aber auch anderen gegenüber geworden. Das ist der erste Schritt zur Gesundung, dem weitere folgen müssen.

„Unsere ‚Schon'-Mutter"
(Anita, 21 Jahre)

Mutter war fünf Tage zum Ehefrauenseminar, hatte einige Ehepaargespräche, wußte vieles über ihre „Schon"-Rolle – und doch kam sie nur ganz schwer los von ihr. Das sah bei uns so aus: Mutter hat das Mittagessen zubereitet. Sie hat den Tisch gedeckt. Wir wollen essen. Klaus, mein jüngster Bruder, stellt fest, daß ein Vorlegelöffel fehlt. Er macht auch Anstalten, ihn zu holen. Wie immer in solchen Situationen sagt dann Mutter: „Laß mal, hol ich schon." Bei anderen Gelegenheiten: „Mache ich schon", „besorge ich schon", „gehe ich schon", „laufe ich schon", „erledige ich schon", „bin ich schon gewesen", „habe ich schon gemacht" und so weiter.

Das, was sie für uns tut, sieht so selbstlos aus. Jedoch gewinnt sie aus dieser „Nächstenliebe" Kontrolle und Macht. So sehe ich es jedenfalls. Wenn ich mich widersetze, ist Mutter beleidigt, versteht mich nicht, hält mich für undankbar. Und ich bekomme dann ein schlechtes Gewissen. Wenn sie es nur begreifen würde, wie sehr sie mir mit dieser „Schon"-Rolle auf den Keks geht!

Inzwischen weiß ich, daß Mutter bereits in ihrem Elternhaus in diese Rolle hineingekommen ist. Ihre Mutter lebte sie ihr vor und erwartete sie von ihr als der ältesten Tochter. Mein Opa war ein lieber Mann, aber ein ausgesprochener Pascha, um den sich alles drehte. Er trank nicht, aber er war der Mittelpunkt. Oma lebte nur für ihren Mann und die Kinder. Sie meinte später, meine Mutter kümmere sich zu wenig um meinen Vater. Das wäre der Grund seines Trinkens.

Aber nun zu mir. Obwohl ich so ganz anders sein wollte als Mutter, habe ich diese „Schon"-Rolle zum Teil übernommen. So ging es mir mit meinem ersten Freund. Das war ein verwöhntes Bübchen und erwartete diese Rolle von mir. Und ich fuhr voll darauf ab. Ich fühlte mich zunächst dabei auch pudelwohl. Ich hatte das Leitbild meiner Mutter so verinnerlicht, daß ich gar nicht merkte, wie ich von meinem Freund ausgenutzt wurde.

Ich nehme an, daß das Wort „schon" von „schonen" kommt: Ich will dich schonen, darum gehe ich schon, mache ich schon. Ich denke, dieses Schonen ist Verwöhnen, Kleinhalten und auch Abhängighalten. Das sehe ich auch bei meinem Bruder Klaus. Er braucht nicht zu lernen, sich einzusetzen, für andere dazusein. Er wurde zum regelrechten Egoisten erzogen und ist völlig hilflos, seine Sachen selbst zu erledigen. Seine Freundinnen sind immer Typen, die alles für ihn tun. Hinzu kommt, daß er ein hübscher Kerl ist. Er kann diese Typen von Mädchen um den Finger wickeln, ohne daß sie es merken. Seine jetzige Freundin würde, wenn es ginge, für ihn in die Vorlesung gehen, nur damit er ausschlafen kann. Eine dumme Gans! – Pardon, das war ich ja auch!

Nach der Rückkehr meines Vaters aus der Therapie gab es bald erhebliche Auseinandersetzungen zwischen den Eltern. Sie stritten viel, aber aus einem anderen Grund als damals, als er noch trank. Es waren keine alkoholbedingten Streitereien. Es ging jetzt um die Sucht meiner Mutter, „die heimliche Sucht, gebraucht zu werden". Diesen zutreffenden Ausdruck hörte ich neulich, und um genau das geht es bei meiner Mutter. Vater ließ sich das „mach ich schon, laß mal, erledige ich schon" und so weiter nicht mehr gefallen. Mutter muß zunächst gedacht haben, sie mache es jetzt nicht mehr richtig und strengte sich noch mehr an. Sie wollte ihm noch mehr abnehmen. Sie kam mit sich selbst nicht mehr zurecht. Sie lief blaß und unschlüssig herum. Vielleicht kann man auch so sagen: Sie litt unter Entzugserscheinungen.

Ein anderer Streitpunkt war mein Bruder. Meine Mutter tat jetzt noch mehr für ihn. Das war meinem Vater nicht recht. Mein Bruder wohnte zu Hause und ging von dort zur Uni. Mutter versorgte ihn rundum. Nur essen und laufen mußte er noch selbst. Ich verstand die Kritik des Vaters, konnte aber auch aus eigener Erfahrung nachfühlen, wie schwer es ist, aus dieser Rolle auszusteigen. Manchmal dachte ich, ich kümmere mich am besten nicht mehr um Vater und Mutter. Ich war nämlich zwischen ihnen beiden hin- und hergerissen. Das belastete mich sehr. Aber ich merkte, daß Mutter von mir mehr annahm als von Vater. Ich dachte, Mutter brauche neue Aufgaben und Interessen. Wir sprachen darüber. Langsam begann sie, sich umzustellen. Seitdem geht es mit den Eltern besser. Sie kommen besser miteinander aus. Vater muß aber auch heute noch lernen, mit der Mutter mehr Geduld zu haben.

Eigentlich hätte Mutter für diese Umstellung auch wie Vater eine Therapie gebraucht. Vater war wieder einmal im Vorteil. Zum Glück gibt es in unserer Stadt eine Gruppe für Frauen, deren Männer eine Abhängigkeitsproblematik hatten. Dort geht sie auch heute noch hin. Die Gruppe nennt sich „Frauen helfen Frauen".

Sorgen mache ich mir um Klaus, unseren „Strahlejungen". Noch läuft bei ihm alles wie am Schnürchen. Er ist ein intelligenter Bursche. Für die Uni braucht er nicht viel zu lernen. Zu Hause erlebt er, daß unsere „Schon"-Mutter nun mehr auf Sparflamme fährt. Aber er findet immer wieder „Ersatzmütter", die ihn so versorgen, wie er es haben möchte. Ich habe mit ihm offen darüber gesprochen. Gut finde ich, daß Klaus nicht so bald heiraten will. Vielleicht hat sich bis dahin so manches bei ihm geklärt. Es wäre gut für ihn und auch für Mutter, wenn er sich bald ein eigenes Zimmer nehmen und lernen würde, sich selbst zu versorgen. Ich denke, er weiß nicht einmal, wieviel Brot, Fleisch und die anderen Lebensmittel kosten, auch nicht, wie hoch der Strompreis ist und vieles andere, das zum Leben gehört. Ich wünsche ihm, daß er lernt, selbständig zu werden – forsch auftreten ist für mich noch keine Selbständigkeit.

Als Vater zur Kur ging, ahnte keiner von uns, daß wir alle in einen Veränderungsprozeß hineinkommen würden. Doch das finde ich gut. Zum Glück gibt es Möglichkeiten, aus seinen Erfahrungen zu lernen und sich zu ändern. Dafür müssen uns aber die Augen geöffnet werden. In der Regel bleibt man alleine blind. Man braucht auch Menschen, die einen auf diesem Weg begleiten. Ich sehe jedenfalls heute einiges anders und hoffentlich richtiger.

Gefährdende Überfürsorge

Anitas „Schon"-Mutter ist aus ihrer eigenen Entwicklung heraus geradezu vorherbestimmt, sich selbst nicht zu schonen, sondern sich aufzuopfern, damit es ihrem Mann und den Kindern gutgeht. Und als ihr Mann alkoholabhängig wurde, glaubte sie, noch mehr für ihn und die Kinder tun zu müssen, um auch dem leisesten Verdacht der Nachbarn, Freunde und Verwandten entgegenzuwirken, daß bei ihnen etwas nicht stimmen könnte. Ihr Anspruch an sich selbst ist sehr hoch, und ein Versagen unter ihren Angehörigen erlebt sie als ihr eigenes Versagen. Ihren Selbstwert nährt sie aus der Aufopferung für andere.

Das sind die Frauen, die eine Therapie ihres Mannes ihren Mitmenschen verschweigen und für seine Abwesenheit Ausreden erfinden. Sie erwarten, daß auch die Kinder „dichthalten". Damit beginnen sie, sich in ein Lügennetz zu verstricken, in das auch der Mann einbezogen wird. „Wer lügt, muß ein gutes Gedächtnis haben. Meines war ausgezeichnet, aber es waren zu viele Lügen, als daß ich sie alle behalten konnte", sagte mir einmal ein Alkoholabhängiger. Die Lüge ist immer eine Abwehr dessen, was nicht sein darf. Sie richtet sich letztlich gegen den Betreffenden selbst.

Bei Frauen wie Anitas „Schon"-Mutter erlebte ich Schwierigkeiten, sie in die Therapie einzubeziehen. Sie kamen ungern und spielten die Geschehnisse aus der Suchtzeit herunter. Peinlich wurde es, wenn sie sich von ihren Männern korrigieren lassen mußten. Das war ein wichtiger Schritt für beide, ihre Wirklichkeit zu finden.

Anita erlebt, wie sich ihr Vater nach seiner Therapie die „Schon"-Rolle seiner Frau nicht mehr gefallen läßt. Das macht ihr Mut auch für die eigene Entwicklung. Sorgen macht sie sich um Klaus und hofft, daß auch er gesunden wird. Sonst könnte er leicht eine Frau heiraten, die die Rolle der Mutter fortsetzt, und er wäre in der Gefahr, in die Rolle seines Vaters zu geraten.

Wie es werden kann, wenn es nicht zu einer umfassenden Hilfe für alle Familienangehörigen kommt, sehen wir bei Familie M. Ihre Geschichte hat einen besonders tragischen Verlauf genommen.

Herr M. kam vor fünfundzwanzig Jahren zu uns in die Therapie. Er war, wie die meisten Alkoholabhängigen, in seiner Kindheit verwöhnt worden. Als Einzelkind war er in hohem Maße muttergebunden. Sein Vater spielte in der Familie eine untergeordnete Rolle, war an der Erziehung kaum beteiligt. Herr M. lebte nach der Therapie alkoholfrei. Etwa zehn Jahre nach der Behandlung verstarb er.

Seine Frau war mir gleichfalls gut bekannt. Sie hatte einen alkoholabhängigen Vater. Das hat ihr besonders in der Kindheit und Jugendzeit Probleme bereitet. Sie trat noch vor der Therapie ihres Mannes einer abstinenten Gruppe bei. Auch dort war sie bekannt als eine sozial engagierte, bestimmende, sich aufopfernde Frau.

Das Ehepaar M. hatte einen Sohn. Er sollte nie so werden wie der „Papi", wie Frau M. ihren Mann nannte. Daher behütete sie ihren Sohn „wie ihren Augapfel". In seinem Beruf war er tüchtig. Mit dreißig Jahren heiratete er eine um drei Jahre ältere Frau. Sie bekamen einen Sohn. Er wurde vorwiegend von der Großmutter M. erzogen, die in der Nähe wohnte. So konnte die Schwiegertochter ganztags berufstätig sein.

Bereits vor der Geburt des Sohnes war Frau M. mehr im Haushalt ihrer Schwiegertochter als in ihrem eigenen. Diese fühlte sich immer mehr an den Rand gedrängt. Bei ihrem Mann fand sie wenig Unterstützung, sich gegen die Übermacht ihrer Schwiegermutter zu wehren. Dann begann sie zu trinken, wurde abhängig und kam einige Male in ein Delirium. Sie starb an den Folgen des Alkoholismus.

Der Mann mit seinem Sohn gab die Wohnung auf und wohnte fortan wieder bei der Mutter. Vier Jahre später verstarb auch er

ganz plötzlich. So blieben der elfjährige Enkelsohn und die Großmutter zurück. Sie sorgte nun wiederum für ihn „wie für ihren
Augapfel", damit er nicht so werde wie die Mutter. Dabei blieb sie
erstaunlich jung und aktiv.

Nach der Lehre schaffte es der Enkelsohn, sich in der Nähe der
Großmutter ein Appartement zu mieten. Doch auch dort wurde er
von ihr rundum versorgt und kontrolliert. „Mein Bübi hat keinerlei
Geheimnisse vor mir", brüstete sie sich. Finanzielle und andere
Schwierigkeiten, in die er geriet, glich sie immer wieder aus. Sie leb-
te ganz für ihren Enkelsohn, der doch nur noch sie alleine hatte.
Er blieb dabei recht unselbständig. Nach kurzer Krankheit verstarb
sie mit achtzig Jahren.

Inzwischen hat der Enkelsohn eine Frau geheiratet, die um ihn
besorgt ist, wie es die Großmutter war. Beruflich tüchtig, trinkt er
gerne und oft Alkohol. Er ist wahrscheinlich bereits alkoholabhängig.

Aus inzwischen gewonnenen Erfahrungen sage ich, daß die „soziale Vererbung", die zum Alkoholismus führen kann, geringer ist,
wenn die gesamte Familie in das therapeutische Geschehen einbezogen wird. Leider gab es vor 25 Jahren noch keine Familientherapie in unserem Hause. Vielleicht hätte es diese Frau verstanden,
daß auch sie selbst Hilfe braucht, um ihre Überfürsorglichkeit, die
anderen so wenig Raum läßt, zu überwinden. Vielleicht hätte es
dann einen ganz anderen Verlauf der Familiengeschichte gegeben.

Kinder zwischen Macht und Abhängigkeit ihrer Eltern

Kinder sind in besonderer Weise abhängig von ihren Eltern. Sie sind auf sie angewiesen, können ohne sie nicht sein. Kranke und Alte sind abhängig von Menschen, die sie behandeln, pflegen, versorgen. Läßt der Helfende sie dabei jedoch seine Macht und Überlegenheit und so ihre Abhängigkeit von ihm erleben, dann fühlen sie sich gedemütigt.

Zum Wesen der Ehe gehört, daß sich zwei unterschiedliche Menschen ergänzen. Das macht das Miteinander fruchtbar. Furchtbar wird es, wenn daraus ein offener oder verdeckter Machtkampf um die Überlegenheit wird, um den anderen von sich abhängig zu machen oder abhängig zu halten. Die Machtmittel dazu sind vielfältig. „Nur wenn ich besonders brav bin, d. h. tue, was meine Frau will, darf ich mich ihr sexuell nähern", sagte mir neulich ein Mann, der noch nicht lange verheiratet ist. Hier wird Sexualität zum Machtmittel und aus dem Miteinander eine Abhängigkeit.

Immer wieder lernte ich Frauen kennen, die zum zweiten, dritten, gar vierten Mal mit einem Alkoholabhängigen oder einem Menschen, der auf ihre Hilfe angewiesen ist, verheiratet waren. Müßten diese Frauen nach dem Scheitern ihrer ersten Ehe mit einem Alkoholiker nicht ein für allemal kuriert sein? Ihrem Verhalten liegt oft, wie bereits an anderer Stelle ausgeführt, eine nicht überwundene Selbstwertproblematik zugrunde. Sie haben vielfach bereits in ihrer Kindheit erfahren, daß sie nur dann etwas gelten, wenn sie leistungsstark, verantwortlich, mütterlich, fürsorglich sind. Das kann mit besonderen Umständen im Elternhaus zusammenhängen und mit überlieferten Normen und Werten über die Rolle einer Frau. „Als mein Bruder geboren wurde, war er von Anfang an die ‚Hundert-Watt-Birne'. Ich mußte mich schon sehr anstrengen, um wenigstens ‚fünfzig Watt' zu sein", sagte die Frau eines Alkoholabhängigen. Ihre Selbstwertproblematik hat sie nicht überwunden, obwohl sie sich schulisch und beruflich hat gut entwickeln können. Sie heiratete einen Mann, der abhängig war von ihrer Kompetenz und von ihrer mütterlichen Versorgung.

Der Psychotherapeut Fritz Riemann stellt zwei Möglichkeiten heraus, sich der Nähe anderer Menschen zu versichern:

1. Man bleibt unselbständig, unerfahren und ist somit auf die Unterstützung durch andere angewiesen, von ihnen abhängig.
2. Man macht andere von sich abhängig, indem man sie unselbständig und klein hält.

Ein Vorgesetzter, der zur zweiten Gruppe gehört, wird bemüht sein, seine Mitarbeiter von ihm abhängig zu halten, und zwar so, daß sie ohne ihn keine Entscheidungen treffen können. So erhält er sich ihre Nähe und verhindert ihr Selbständigwerden, was ja mehr Abstand bedeuten würde. Ein Mitarbeiter, der zur ersten Gruppe gehört, wird gerne Anweisungen entgegennehmen und nur in einem gesicherten Rahmen eigene Entscheidungen treffen. So erhält er sich die Nähe seines Chefs. Seine Abhängigkeit gibt ihm zugleich Sicherheit. Die Menschen beider Gruppen scheinen zueinander zu passen wie der Schlüssel zum Schloß – vor allen Dingen, wenn es zu einer Liebesbeziehung kommt. Jeder versucht in seiner Art, sich die Nähe des anderen zu erhalten und hat Angst, sie zu verlieren.

Jörg Willi, ein Psychotherapeut aus der Schweiz, bezeichnet die Haltung derer, die den anderen unselbständig halten, ihn abhängig machen, um so über ihn verfügen zu können, als sozial gefährlich.

In Ehen mit einem alkoholabhängigen Partner ist in der Regel die Frau die Beherrschendere. Sie ist maßgebend und setzt sich voll ein. Das könnte der Beziehung guttun, wäre da nicht das unbewältigte Problem ihres schwachen Selbstwertgefühls. Deshalb hat sie sich von einem Mann abhängig gemacht, der ihr dadurch ein gutes Selbstwertgefühl gibt, daß er auf ihre Stärke angewiesen, von ihr abhängig ist. So sind sie beide voneinander abhängig. Sie leben in einer verkletteten Abhängigkeit. Auf diese Weise überwindet die Frau ihre Selbstwertproblematik. Und der Vorteil des Mannes ist, daß er bei dieser tüchtigen Frau ein bequemes Leben führen und dabei trinken kann. Um die alkoholbedingten Folgen kümmert sich ja seine Frau. Je süchtiger und damit unterstützungsbedürftiger er wird, um so mehr braucht er seine Frau, der es wiederum zunehmend schwerer fällt, sich von diesem so hilfsbedürftigen Mann zu trennen. Würde ihm etwas zustoßen, würde sie sich schuldig fühlen.

Was so harmonisch – wie der Schlüssel zum Schloß – als Ehe begonnen hat, endet in der Katastrophe. Dabei haben beide dazu beigetragen, daß sich die ursprünglichen Defizite des anderen verstärken. Der Mann ist allerdings der Mittelpunkt geblieben, um dessen Hilflosigkeit sich alles dreht. Sie ist in der Sucht immer größer geworden.

Diese Niederlage einzugestehen, fällt gerade Frauen mit dieser Selbstwertproblematik schwer. Folgt dem Eingeständnis die Tat, so beginnt damit der Ausstieg aus der „Manege". Der „Dompteur", um den sich bislang alles drehte, bleibt allein zurück. Das ist seine Chance, sich selbst in seiner Rolle zu erkennen und auch zu beginnen, aus ihr auszusteigen.

Wie aber sollen Kinder mit diesem Durcheinander von Macht und Abhängigkeit der Eltern klarkommen? Ohne ein engagiertes Handeln der Mutter würde für sie alles zusammenbrechen. Den Vater erleben sie als den Verursacher des Dilemmas in der Familie. Dann aber tanzt Mutter doch nach Vaters Pfeife. Sie verachten und hassen vielfach den Vater und bemühen sich zugleich, alles zu unterlassen, was zu einem Anlaß für sein Trinken werden könnte. Sie tun alles, damit nicht in der Öffentlichkeit bekannt wird, wie der Vater zu Hause ist. Sie erleben, daß er, der von der Mutter und ihnen so Abhängige, Macht hat, alles zugrunde zur richten.

Besonders in der Sucht wird deutlich, wie Abhängigkeit und Macht die beiden Seiten einer Münze sind, die wertlos geworden ist, mehr noch, die sich in einen Schuldschein verwandelt hat. Das empfinden auch die Kinder. Sie können sich jedoch nicht dagegen wehren.

Mutmachend sind Sabines folgende Ausführungen. Es gelingt ihr, einen neuen Weg für sich zu finden, nachdem sie durch schmerzhafte Erlebnisse wertvolle Erfahrungen gemacht hat.

„Ich war wie meine Mutter"
(Sabine, 27 Jahre)

Wie oft habe ich während der Trinkzeit meines Vaters meiner Mutter geraten, sich von Vater zu trennen oder sich scheiden zu lassen! Manchmal habe ich sie auch angefleht. Dann habe ich wiederum gedroht, daß ich aus dem Haus gehen würde. Und dann ging ich auch eines Tages. Nein, ich ging nicht, ich warf mich in die Arme eines Mannes. Bei ihm fühlte ich mich verstanden. Seine Mutter trank, war alkoholabhängig. Auch in seinem Elternhaus ging es drunter und drüber. Wir beide hielten es zu Hause nicht mehr aus. Wir nahmen uns gemeinsam ein Zimmer, später eine kleine Wohnung.

Wir verstanden uns gut, denn wir hatten ja ähnliche Erfahrungen im Elternhaus gemacht und waren beide enttäuscht vom Elternhaus. Wir sprachen viel darüber. Wir hatten uns vom Elternhaus abgeseilt. So gaben wir wenigstens vor. Insgeheim aber war ich – und ich denke, auch mein Freund – mit den Eltern, daß heißt, ich mit dem Vater und er mit der Mutter, innerlich beschäftigt. Ich schlich abends des öfteren am Elternhaus vorbei. Ich war zu stolz, um hineinzugehen. Aber es hätte ja sein können, daß ganz zufällig jemand rauskam und wir uns so begegnet wären. Im Grunde hatte ich ein schlechtes Gewissen, besonders Mutter gegenüber. Nun konnte ich sie nicht mehr schützen, wenn Vater sie bedrohte oder gewalttätig wurde.

Mein Freund und ich wollten es ganz anders machen als unsere Eltern. Wir wollten ihnen zeigen, wie man richtig zusammenlebt. Wir wollten bald heiraten und einander auch durch die Heirat bestätigen, daß wir unzertrennbar zueinander gehörten. Zum Glück haben wir doch nicht so schnell geheiratet, denn es kam ganz anders.

Natürlich hatten wir auch so etwas wie Flitterwochen, wo das Sexuelle doch sehr im Vordergrund steht. Hier gab es schon die ersten Enttäuschungen. Mein Freund wollte Sex und nochmal Sex, und ich wollte in den Arm genommen werden, wollte mich an ihn anlehnen. Das aber mochte er nicht so sehr. Er kam sehr schnell zu seiner sexuellen Befriedigung, und ich ging leer aus. Ich war auch irgendwie verklemmt, konnte mich nicht hingeben. Ich fühlte kaum etwas. Nach und nach kam ich mir vor wie benutzt. Auch verlangte er von mir sexuelle Praktiken, auf die ich nicht eingehen wollte. Sie waren nur auf seinen Genuß abgestimmt, mir waren sie zuwider. Er entpuppte sich zu einem richtig geilen Typ.

Und dann seine Anspruchshaltung. Er wollte rundum von mir versorgt werden. Das war zunächst für mich selbstverständlich. Nach und nach machte mich das aber wütend. Wo blieb denn ich? Immer nur geben, geben, geben! Nach einer heftigen Auseinandersetzung stellte ich eines Morgens fest, daß ich war wie meine Mutter. Ich ließ mich ausnutzen, in jeder Beziehung. Ich war bedient! Ich trennte mich von meinem Freund und nahm mir eine eigene Wohnung.

Nun suchte ich den Kontakt zu meiner Mutter – und fand ihn. Mit ihr konnte ich jetzt über alles sprechen. Ich hatte zum ersten Mal das Gefühl, daß wir uns richtig verstanden, daß wir als erwachsene Frauen miteinander reden konnten. Auch heulten wir uns zusammen aus. Von da an veränderte sich auch meine Mutter. Sie drohte meinem Vater nicht mehr, sondern stellte ihn vor die Entscheidung. Auch übernahm sie für ihn keine Verantwortung mehr, sondern überließ ihn seinem Schicksal. Das war für Mutter sehr schwer, und sie suchte Halt bei mir. Sie wollte nicht immer wieder rückfällig werden. Vater hatte es sich angewöhnt, sie nicht mehr ernst zu nehmen. Ihre Drohungen gingen bei ihm zum einen Ohr rein und zum anderen raus. Er konnte ja regelrecht sein Spiel mit ihr treiben. Nun wurde es anders. Woher Mutter letztlich die Kraft dazu nahm, weiß ich nicht. Nur weiß ich, daß sie am Ende angekommen war mit ihren Kräften und mit ihren Möglichkeiten, wie ich auch. Nur hat es bei ihr über zwanzig Jahre gedauert. Ich kenne meinen Vater nur als Alkoholiker. Ich war vierundzwanzig Jahre alt, als Vater zur Therapie ging. Oder genauer gesagt, als er zur Therapie „gegangen wurde".

Wollte ich jetzt alles schildern, was ich erlebt habe, es gäbe einen Roman. Diesen Roman könnten in ähnlicher Form die vielen Millionen Kinder auch schreiben, die aus einer Alkoholikerfamilie kommen. Das habe ich im Kinder-Eltern-Seminar erfahren. Irgendwie waren die Elternhäuser austauschbar. Obwohl die Altersgrenze für das Kinder-Eltern-Seminar bei zwanzig Jahren liegt, legte ich großen Wert darauf, dabei zu sein. Das wurde mir auch gestattet.

Ich fuhr zunächst um meinetwillen hin, denn ich hatte viele Fragen. Wir waren eine prima Gruppe. Der Jüngste war siebzehn Jahre. Wir waren ganz offen zueinander. Ich stellte viele Parallelen zu den anderen fest. Ich war allerdings die einzige, die eine Flucht aus dem Elternhaus in eine Liebesaffäre hinter sich hatte. Trotz unseres offenen Gespräches befürchtete ich, daß es zwei Mädchen ähnlich gehen könnte wie mir.

Ich bin jetzt verheiratet und Mutter. Mein Mann ist ein ganz anderer Typ als der Freund damals. Ich denke, ich bin auch nicht mehr die von damals. Seit dem Seminar habe ich viel für mich getan. Ich habe mich weitergebildet, neue Interessen gewonnen, Zugang zu Gruppen bekommen, in die ich mich früher als Kind aus einer Alkoholikerfamilie nicht reingewagt hätte. Mensch, was hatte ich damals doch für Komplexe, die ich allerdings meistens meisterhaft überspielen konnte! Heute habe ich das gute Gefühl, daß ich wer bin. Das erlebt auch mein Mann so. Er schätzt an mir, daß ich selbstbewußt bin.

Im Seminar begann ich, mich mit der Frage auseinanderzusetzen, warum dieser schwache und trinkende Vater so viel Macht über unsere Familie hatte. Es drehte sich doch alles um ihn, ganz gleich, ob er da war oder nicht, ob er betrunken am Boden lag und winselte, mit Selbstmord drohte oder rumschrie und gewalttätig wurde. Er bestimmte das Familienleben, ohne etwas für uns zu tun.

Ich sah eine Parallele dazu, als unser erstes Kind geboren wurde. Da lag es nun so hilflos im Körbchen und bestimmte doch unser Leben. Ein so hilfloses Kind kann ich als Mutter nicht verlassen, es braucht mich. Es gibt meinem Leben eine tiefe Bedeutung, nämlich Mutter zu sein. Mit meinem Kind erlebte ich diese Abhängigkeit positiv, und dafür bin ich dankbar.

Irgendwie kam mir meine Mutter, als Vater noch trank, unreif und unselbständig vor. Das schien zunächst ein Widerspruch zu sein. Mutter konnte nämlich alles, machte alles, sorgte für alles und bügelte alle Patzer aus, die Vater machte. Kurzum, ohne Mutter wäre nichts gegangen. Ohne sie wäre mein Vater untergegangen und die Familie auch. Vater brauchte diese Frau, wie mein Freund mich auch brauchte und mich dann mißbrauchte. Und ich kam mir dabei zunächst so wichtig, so bedeutungsvoll vor.

Ich denke heute, nachdem ich mich in vielen Kursen und Seminaren mit dieser Problematik auseinandergesetzt habe, daß Mutter, diese schwache Frau, diesen schwachen Mann gebraucht hat. Sie wollte ihm auch gar nicht zur Selbständigkeit helfen, soweit das in der Ehe möglich ist. Mutter bezog aus ihrer Aufopferung, ihrem Märtyrerdasein, ihren Selbstwert. Das bezeichne ich als ihre Unreife. Sie war von Vater und der Sorge für ihn total abhängig, wie Vater von der Flasche. Und Vater war von ihr abhängig. Ich glaube, als er richtig in der Sucht steckte, war Mutter als Person recht unwichtig. Er hätte sie austauschen können gegen jede andere Frau, wenn sie nur Mutters Rolle übernommen hätte. Sie war zu einer auswechselbaren Lieferantin geworden. Das mag hart klingen.

Das war das Paradoxe bei uns: Mutter war für mich und meine Geschwister unser Halt. Um sie scharten wir uns, an sie klammerten wir uns. Ohne sie wären wir verloren gewesen. Vater haßte ich, verachtete ihn, weil es mir die Schamröte ins Gesicht trieb, einen solchen Trinkervater zu haben. Und doch war er die eigentliche Mitte, um die sich alles drehte, auf die wir Rücksicht nehmen mußten. Er begleitete mich in meinen Gedanken in die Schule, war dort und nahm mir die Konzentration beim Lernen. Ja, bis in die Träume verfolgte mich dieser Vater.

Es ist schwer auszudrücken, dieses Durcheinander der Gefühle, das ich erlebte. Ich bin sicher, viele Kinder aus Alkoholikerfamilien werden mich verstehen. Ich war völlig durcheinander, hilflos, ratlos. Ich verstand auch Mutter nicht. Sie hätte uns aus diesem Teufelskreis der Gefühle befreien können, indem sie sich von Vater trennte. Selbst jetzt noch fahre ich gefühlsmäßig voll ab wie damals. Letztlich jedoch weiß ich, daß damit das Problem nicht gelöst worden wäre.

Ein räumlicher Abstand hätte uns vielleicht die Möglichkeit zum Nachdenken gegeben. Ich weiß jedoch auch, daß wir, und besonders meine Mutter, Hilfe brauchten, um klarzukommen, um nicht wieder rückfällig zu werden. Wie ich inzwischen weiß, geht es den meisten Angehörigen so. Die Alkoholiker bekommen Hilfe, werden sogar in eine Kur geschickt. Das Problem der Angehörigen scheint noch nicht richtig erkannt zu sein. Dabei sind sie allein nicht in der Lage, bei dem Wirrwarr von Gedanken und Gefühlen das Geschehen zu durchschauen.

Wenn ich mich damals, nach den Erfahrungen mit meinem Freund, nicht geändert hatte, ich glaube, der nächste Freund wäre nicht viel anders gewesen. Das sehe ich an meinem Bruder, der von einer unglücklichen Beziehung in die andere stolpert. Hoffentlich kommt er auch noch zur rechten Einsicht und ändert sich. Es hilft nichts, wenn sich nur die Umstände ändern, das weiß ich. Man muß sich selbst ändern. Aber das erkannte meine Mutter damals noch nicht. Sie glaubte, sie sei völlig o.k., was ihr auch von anderen bestätigt wurde. Und doch war sie letztlich zu schwach und zu unselbständig, um sich vom Vater zu lösen. Wer wäre sie gewesen, hätte sie ihn nicht gehabt, um ihn zu versorgen, sich für ihn aufzuopfern, von ihm gebraucht zu werden?

Mein Kind hat gelernt, alleine zu laufen. Mein Mann und ich legen großen Wert darauf, daß das nicht nur körperlich geschieht. Es soll selbständig werden und schließlich auf uns Eltern nicht mehr angewiesen sein. Mein Vater dagegen verlernte immer mehr das „Laufen", am meisten seelisch, aber dann auch körperlich und sozial. Hätte ich bei meinem Freund die Beziehung fortgesetzt, wie sie begonnen hat, er wäre immer hilfloser geworden und immer mehr auf mich angewiesen gewesen. Und ich hätte mich von ihm nicht lösen können, wäre immer mehr von ihm abhängig geworden, wie eine Mutter von ihrem hilflosen Kind.

Hier will ich meinen Bericht beenden. Beim Schreiben ist mir manches noch klarer geworden. Vielleicht habe ich Anstöße zum Nachdenken geben können. Mir selbst habe ich sie gegeben. Auch möchte ich meine Erlebnisse und Erfahrungen in meinem pädagogischen Beruf weitergeben, wenn ich wieder arbeiten werde.

Ein gelungener Neuanfang

Sabine berichtet, daß ihr ein Neuanfang gelungen ist. Ihr Bruder dagegen stolpert aus einer Affäre in die andere. Ähnlich sah es bei

Anita und ihrem Bruder aus. Sind junge Frauen eher bereit, sich mit ihrer so problembeladenen Entwicklung auseinanderzusetzen als junge Männer? Bedenken sie eher, was eine Neuauflage dessen, was sie zu Hause erlebten, für ihre eigene Ehe und die Kinder bedeuten würde?

Sabine klagt, daß den Alkoholabhängigen geholfen wird, den Angehörigen aber kaum, und stellt fest, daß sie allein nicht in der Lage sind, den Wirrwarr der Gedanken und Gefühle zu durchschauen. Diesen Zustand nennt sie einen Teufelskreis der Gefühle.

Es ist typisch, daß sie nach dem fluchtartigen Verlassen des Elternhauses einen Freund findet, der aus ähnlichen Verhältnissen kommt. Ihre stärksten Gemeinsamkeiten sind die notvollen Erfahrungen und das große Verlangen, ihr gemeinsames Leben ganz anders zu gestalten. Wer aber hat ihnen dieses Andere vorgelebt, ist ihnen Leitbild geworden für ein gelungenes Miteinander? In einer ungehemmten, süchtigen Sexualität scheint ihr Freund einen Ausgleich zu suchen für emotionale Defizite, und sie möchte sich endlich an einen Mann anlehnen. Ohne es zu wissen, erwarten sie voneinander das, was sie sich nicht geben können – und sind enttäuscht.

Es war Sabines Glück, daß sie rechtzeitig erkannte, wie gierig ihr Freund sie ausnutzte und daß sie sich von ihm benutzt fühlte. Nach der Trennung kam es wohl erstmals zu einem Gespräch zwischen Mutter und Tochter, in dem beide offen zueinander sein konnten. Damit hatte die Beziehung zur Mutter eine neue Qualität bekommen.

„Alles unterlag der Kontrolle meiner Mutter" (Michael, 20 Jahre)

Ich bin meiner Mutter sehr dankbar für ihre Mühe, die sie sich machte, damit unser „Familienschiff" nicht unterging. Vater dagegen ließ vieles schleifen. Er wurde immer lustloser, bequemer. Selbst Sachen, die er früher gerne gemacht hatte, schob er auf die lange Bank oder packte sie erst gar nicht an. Das ging so weit, daß er an ihn gerichtete Briefe nicht mehr öffnete, sondern einfach in die Schublade legte.

Meine Mutter übernahm nach und nach die Alleinverantwortung in unserer Familie. Wenn ich es recht bedenke, unterlag alles ihrer Kontrolle. Alles und wir alle mußten an ihr vorbei. „Geh dahin, denk an dieses oder jenes, vergiß das nicht, warst du schon dort, hast du schon erledigt, was ich dir aufgetragen habe?" so hieß es immer. Das galt noch viel mehr meinem Vater. Er brauchte praktisch an nichts zu denken, nichts mehr zu verantworten. Auch Kleidung kaufte ihm Mutter.

Vater erzählte mir nach der Therapie, daß er als Kind verwöhnt worden sei. Er bekam alles, für ihn wurde alles gemacht. Er lernte es nicht, für andere da zu sein, brauchte auf andere nicht Rücksicht zu nehmen. Seine Mutter wollte, daß es ihrem Sohn in seiner Kindheit besser ging, als es ihr ergangen war. Ich kenne meine Oma gut. Es stimmt, sie ist ein solcher Typ. Auch heute noch versorgt sie ihren Mann, meinen Opa, von vorne bis hinten, und auch ich bekomme von ihr, was ich will.

Von meiner Mutter weiß ich, daß sie eine strenge Kindheit und Jugend hatte. Sie war die einzige Tochter, dazu die Älteste von drei Kindern. Ihre Mutter litt unter Depressionen. So hat sie schon früh die Mutter mehr oder weniger ersetzen müssen, auch in der Erziehung ihrer Geschwister und in der Versorgung des Vaters. Ihr fehlt ein Stück sorgloser Kindheit.

Mutter ist fast so wie ihre Schwiegermutter und mein Vater wie sein Schwiegervater. Der Opa allerdings hat nicht getrunken. Mutter hatte, und das bestätigten mir auch ihre Brüder, schon im Elternhaus das Sagen. Vater muß es sehr gefallen haben, eine Frau zu heiraten, die so für ihn sorgte und ihn bemutterte.

Nachdem mein Vater von der Therapie zurück war, bin ich einmal bei dem Therapeuten gewesen, in dessen Gruppe mein Vater war. Ich kannte ihn auch von den Familiengesprächen. Zu Hause wurde nämlich wieder so viel gestritten, daß ich befürchtete, Vater würde wieder anfangen zu trinken. Der Therapeut sagte mir, daß diese Auseinandersetzungen zwischen den Eltern ein gutes Zeichen für den Genesungsprozeß der Ehe seien. Das konnte ich zunächst nicht verstehen. Ich dachte, Vater ist geheilt, wenn er nicht mehr trinkt. Inzwischen weiß ich, daß das Nichttrinken die Voraussetzung dafür ist, daß es zu einer neuen Beziehung kommt.

Auch jetzt versucht Mutter immer wieder, Vater zu behandeln wie früher. Sie kontrolliert und bevormundet ihn, ich denke mitunter, ohne es selbst zu merken. Das ist mir besonders peinlich, wenn andere dabei sind. Sie fällt ihm einfach ins Wort, wenn er sich mit anderen Menschen unterhält, und korrigiert ihn. Mein Vater versucht dann, gute Miene zum bösen Spiel zu machen. Meistens lächelt er, aber innerlich kocht er. Und hinterher gibt es dann einen Riesenkrach. Ich denke, Mutter begreift, daß ihr Verhalten nicht richtig ist. Das ist ihr in den Seminaren und Gesprächen immer wieder gesagt worden, aber sie wird einfach immer wieder rückfällig. Vater ist aus der Therapie mit dem festen Willen zurückgekommen, sich aus Mutters Abhängigkeit zu lösen und die Verantwortung für sich selbst zu übernehmen. Das imponiert mir und hilft mir, denn auch mich versucht Mutter immer wieder zu bevormunden. Sie erwartet, daß ich ihr alles erzähle, auch das, was nur mich ganz persönlich angeht.

Dankbar bin ich, daß ich an einigen therapeutischen Sitzungen teilnehmen durfte. Dabei wurden mir Zusammenhänge deutlich. Das hat mich auch in meinen Beziehungen zu Mädchen vorsichtiger gemacht. Manchmal denke ich, zu vorsichtig. Aber ich hoffe, das wird sich bei mir noch auf ein richtiges Maß einpendeln. Ich hatte nämlich Beziehungen zu Mädchen, die sich ähnlich verhalten haben wie meine Mutter. Sie taten auch alles für mich, wollten mich verwöhnen, mich aber auch bestimmen. Jedenfalls werde ich auf der Hut sein, daß sich das Dilemma meines Elternhauses bei mir nicht wiederholt.

Gerade die Mutter wird Beratung brauchen

Michael hatte sich, bevor er zusammen mit seiner Mutter in das Therapiegeschehen einbezogen wurde, viele Gedanken über Zusammenhänge in ihrem Familienverbund gemacht. Er möchte nicht eine Frau heiraten, die ähnlich ist wie seine Mutter. Es ist ihm peinlich, wenn sie, besonders in Gegenwart Fremder, ihren Mann bevormundet. Auch möchte er nicht sein wie sein Vater, der sich nicht dagegen wehrt. Darum imponiert es ihm, daß er sich nun nach der

Therapie gegen den Machtanspruch seiner Frau auflehnt. Andererseits tritt Angst auf, der Vater könnte aus dem Konflikt heraus wieder anfangen zu trinken, denn so war es früher. Darum ist es gut, daß er das Gespräch mit dem Therapeuten sucht. Es hilft ihm, Sicherheit zu gewinnen.

Michael scheint zu wissen, daß es für ihn keinen Freiraum zwischen der Macht der Eltern und der Abhängigkeit von ihnen gibt. Nun findet er in seinem Vater einen Partner, der auf dem Weg zu einer eigenständigen Persönlichkeit ist. Mit der Mutter werden sie viel Geduld haben müssen. Vielleicht wird gerade sie Beratung brauchen, um nicht zu verbittern. Es könnte nämlich sein, daß sie sich als Außenseiterin erlebt, wenn sie mit ihrer bisherigen Rolle sowohl beim Mann wie beim Sohn nicht mehr ankommt. Nicht sie selbst würde dann abgelehnt werden, sondern ihre bisherige Rolle.

Beziehungsabhängigkeit, das zentrale Problem in Familien mit einem Alkoholabhängigen

Die Zunahme des Alkoholismus in Deutschland ist erschreckend. Die Anzahl der Alkoholabhängigen stieg von 1954 bis 1991 in der damaligen Bundesrepublik von 200 000 auf etwa zwei Millionen. In den neuen Bundesländern liegen die Zahlen wahrscheinlich relativ noch höher. Rechnen wir im Durchschnitt nur ein Kind zu einem Alkoholabhängigen, so waren 1954 200 000 und 1991 zwei Millionen Kinder durch das Suchtgeschehen eines Elternteiles und den damit verbundenen Folgen in ihrer Lebensentfaltung benachteiligt. Bleiben sie ohne Hilfe, sind sie überdurchschnittlich gefährdet, selbst in ein Abhängigkeitsgeschehen direkt oder indirekt hineinzugeraten. Unsere Wohlstandsgesellschaft, die den Menschen materiell verwöhnt und ihn zugleich entpersönlicht, begünstigt das Entstehen neuer Suchtgefährdungen. Sie verstärkt so die „soziale Infektion", die das Heer der Abhängigen, der Außenseiter und auch Kranken weiter vergrößert.

Alkoholismus und andere Drogenabhängigkeiten einzudämmen oder gar zurückzudrängen wird zu erreichen sein, wenn die soziale Infektion gemindert wird. Dazu gehört auch, daß im therapeutischen Geschehen die Frage nach der Überwindung der Beziehungsabhängigkeit bei allen, die zur Familie gehören, im Mittelpunkt steht. Dann wäre man beim Kern der Sache und brauchte nicht kostenaufwendig an den Symptomen herumzukurieren.

Eine Untersuchung zur Abhängigkeitsgefährdung der Nachkommen

Es gibt Familien, in denen es vermehrt Suchtmittelabhängige gibt, sei es in der direkten Linie oder als Angeheiratete. Anläßlich von zwei Müttergenesungs-Sonderkuren in den Jahren 1986 und 1987 für Frauen, deren Männer alkoholabhängig gewesen sind oder es noch waren, befragten wir alle 47 Frauen nach ihren und ihrer Männer Herkunftsfamilien. Es war erstaunlich, wie gut die Frauen auch über die Familien ihrer Männer Bescheid wußten. Gewiß wird dennoch die Dunkelziffer hoch sein, denn Alkoholismus gehört zu den am besten gehüteten Familiengeheimnissen.

Herkunftsfamilien der Frauen: 15 Prozent kommen aus einer geschiedenen Ehe, 72 Prozent sehen die Ehe der Eltern als gestört an und 17 Prozent geben – bis auf einen Fall – Alkoholismus beim Vater an. – In den 47 Herkunftsfamilien gibt es 161 Kinder. 9 Prozent sind alkoholabhängig und 36 Prozent haben einen Partner geheiratet, der bereits alkoholabhängig war oder geworden ist. Somit sind 45 Prozent der Nachkommen mit einem Alkoholismusproblem belastet.

Herkunftsfamilien der Männer: 9 Prozent kommen aus einer geschiedenen Ehe, bei 47 Prozent wird die Elternehe als gestört gewertet, in 45 Prozent der Ehen lag Alkoholismus vor, vorwiegend beim Vater. – 42 Prozent der Nachkommen sind alkoholabhängig, 1 Prozent ist drogenabhängig, 5 Prozent sind mit einem alkohlabhängigen, 1 Prozent mit einem medikamentenabhängigen Partner bzw. Partnerin verheiratet. Somit haben 49 Prozent der Nachkommen ein direktes oder indirektes Alkoholismusproblem.

Eigene Familie: Von insgesamt 145 Kindern sind 79 männlich und 66 weiblich. – 100 Kinder sind älter als 19 Jahre. Für sie gelten die folgenden Angaben: 15 Prozent sind alkoholabhängig, 1 Prozent drogenabhängig, 4 Prozent alkoholgefährdet und 4 Prozent mager- oder verschwendungssüchtig. Somit sind 20 Prozent der Kinder suchtmittelabhängig oder -gefährdet und weitere 4 Prozent mager- oder verschwendungssüchtig.

Leider versäumten wir zu fragen, wie hoch der Anteil unter den Kindern ist, die in einer Beziehung mit einem Suchtmittelabhängigen oder -gefährdeten leben. Er dürfte ähnlich hoch sein wie der der Alkoholabhängigen und Alkoholgefährdeten.

Familien zwischen Suchtmittel- und Beziehungsabhängigkeit

Beim Alkoholabhängigen haben wir es mit einer doppelten Abhängigkeit zu tun. Er ist von Menschen und vom Alkohol abhängig. Der Alkoholabhängigkeit geht in der Regel die Beziehungsabhängigkeit voraus, die Alkoholabhängigkeit baut auf die Beziehungsabhängigkeit auf.

Der Alkoholiker braucht zur Aufrechterhaltung seiner Sucht Menschen, die ihn sowohl von den Folgen des süchtigen Trinkens entlasten als auch von anderen Schwierigkeiten, die seinem süchtigen Verlangen entgegenstehen. So werden diese Menschen unbeabsichtigt zu Förderern der Suchtentwicklung. Das sind zunächst die Familienangehörigen, dann in der Regel Arbeitskollegen, Vorgesetzte, Freunde, Nachbarn, Verwandte. Sie wollen dem Alkoholabhängigen helfen. Sie geben ihm gute Ratschläge, leihen ihm Geld, entschuldigen ihn. Am Arbeitsplatz decken sie seine Fehlleistungen aus dem Gefühl der Kollegialität heraus. Sie sind dem Alkoholiker wie ein Schmerzmittel, auf das er sich eingestellt hat und das er erwartet. Sie verlängern den Suchtprozeß und tragen dazu bei, daß er gesundheitlich, sozial und wirtschaftlich in immer größere Schwierigkeiten kommt, von denen besonders die Angehörigen betroffen sind.

Dennoch muß zwischen den Familienangehörigen und den anderen vermeintlichen Helfern unterschieden werden. Die Familienangehörigen sind in der Rolle der Co-Abhängigen, die anderen in der Rolle der Co-Alkoholiker. Dazwischen gibt es Mischformen, in die nahe Freunde und Verwandte einzuordnen sind.

Der Begriff des Co-Alkoholikers ist mißverständlich. Zunächst könnte verstanden werden, es handele sich um den Mittrinker. Die Co-Funktion ist ähnlich der des Co-Piloten gegenüber dem Chefpiloten. Der Chefpilot braucht den Co-Piloten besonders in belastenden Situationen, so beim Starten und Landen. Auf dem normalen Flug wird er weniger gebraucht.

Co-Alkoholiker leben in einer weniger verbindlichen Beziehung zum Alkoholiker als die Familienangehörigen. Von daher haben sie es auch leichter, sich von dem Alkoholabhängigen zu lösen.

Unbeabsichtigt und unbewußt sind sie eher in der Rolle des Komplizen.

Die Familienangehörigen als Co-Abhängige sind eher in der Rolle des Kompagnons. Sie sind existenziell in das „Unternehmen" Ehe und Familie eingebunden. Die Pleite dieses „Unternehmens" ist zugleich ihre Pleite, der Verlust des Ansehens ihr Nachteil. Der Alkoholabhängige vertrinkt nicht nur sein Geld, sondern es ist zugleich ihr Geld. Auch wenn die Frau sich scheiden läßt, bleibt der Alkoholiker weiterhin der Vater der Kinder und der Großvater der Enkelkinder. Die emotionale Beziehung ist bei vielen Partnerinnen durch ihre Beziehungsabhängigkeit geprägt.

In den genannten Müttergenesungs-Sonderkuren arbeiteten wir einige Abschnitte aus dem Buch von Robin Norwood „Wenn Frauen zu sehr lieben" durch. Es hat den bemerkenswerten Untertitel „Die heimliche Sucht, gebraucht zu werden". Ich kann mich an keine Frau erinnern, die dabei nicht ihre eigene Sucht, nämlich gebraucht zu werden, erkannt hat. Das hat sie tief erschüttert, ihnen aber auch geholfen, Zusammenhänge zu erkennen. Und 91 Prozent dieser Frauen erkannten auch, daß die Grundlagen zu ihrer Neigung, abhängige Beziehungen einzugehen, in der Kindheit begründet waren. 72 Prozent der Frauen kamen aus einer gestörten Ehe, zum Teil durch Alkoholismus bedingt.

Aus ihrer Neigung zu abhängigen Beziehung zu Menschen, für die sie sich aufopfern können, treffen diese Frauen nur allzu schnell auf Suchtmittelgefährdete und -abhängige. Zu deren Grundproblem gehört, daß sie gleichfalls das Bedürfnis nach einer abhängigen Beziehung haben. Sie brauchen Frauen, von denen sie versorgt, bemuttert und entlastet werden. So passen sie zueinander wie zwei Zahnräder einer Maschine. Die Abhängigkeit vom Alkohol ist dann wie der Antrieb, der die abhängige Beziehung aufrechterhält und verstärkt.

Die Kinder sind in diesen Abhängigkeitsmechanismus einbezogen. Dabei entwickeln sich in ihrer Persönlichkeit Voraussetzungen, die ein abhängiges Verhalten fördern. Sie stehen in der Gefahr, auch später in diesem Suchtmechanismus zu verbleiben.

Der Begriff der Co-Abhängigkeit für die Familienangehörigen ist wiederum irreführend. Er vermittelt den Eindruck, als handele es sich um eine Mitabhängigkeit, eine Folge der Suchtmittelabhängigkeit. Es ist wichtig zu erkennen, daß es sich um eine eigene Abhängigkeitsproblematik handelt, nämlich um süchtige Beziehungsabhängigkeit. Im Gegensatz zur Abhängigkeit vom Alkohol wird sie jedoch sozial anerkannt. So heißt es: „Was sind Sie für eine tolle Frau. Ich hätte mich schon lange scheiden lassen." „Wenn er Sie nicht hätte!" Das ist wie Balsam für die kranke Seele. Dahinter jedoch steht die Schwäche, sich nicht abgrenzen zu können, und zwar nicht nur gegenüber dem Alkoholabhängigen, sondern auch gegenüber anderen Menschen. Die Alkoholabhängigen und ihre Partnerinnen haben Schwierigkeiten, nein sagen zu können. Von daher werden sie auch oft ausgenutzt.

Statt von Co-Abhängigkeit zu sprechen, wäre es hilfreicher, den Begriff der Beziehungsabhängigkeit zu verwenden.

Frauen, besonders Mütter, mit einer Beziehungsabhängigkeit brauchen Hilfe

Wenn Frauen von Alkoholabhängigen diese Zusammenhänge durchschauen, wollen sie vielfach eine stationäre Hilfe haben zur Überwindung ihrer „heimlichen Sucht, gebraucht zu werden". Sie fordern diese auch aus der Verantwortung für ihre Kinder. Sie wissen nur zu genau, daß ihnen am besten geholfen sein wird, wenn es ihnen und ihrem Partner gelingt,

1. ihre abhängige Beziehung zueinander zu überwinden und
2. ihren Kindern ein Miteinander vorzuleben, in dem einer die Fähigkeit des andern fördert, Werte in sich zu entwickeln, die zu einer verantwortlichen Partnerschaft und Elternrolle befähigen.

Das wird den Kindern entscheidend helfen, daß in diesem neugewordenen Familienklima auch ihre Entwicklung positiv verläuft. Erhalten beide Partner Hilfe, so kann damit gerechnet werden, daß sich der besonders für die Kinder so notwendige Veränderungsprozeß in der Familie eher vollziehen wird. Und sollten Störungen bei Kindern vorhanden sein, die fachliche Hilfe brauchen, so würde diese durch das verbesserte Familienklima entscheidend unterstützt werden.

Eine Therapie, die sich nicht zentral dem gesamten Abhängigkeitsgeschehen in der Familie zuwendet, geht an dem entscheidenden Problem vorbei. Die Abstinenz des Mannes kann erreicht werden, der suchtgefährdende Nährboden bleibt jedoch sowohl für die Kinder als auch für den Rückfall bestehen.

Die Berichte der Jugendlichen sind wie ein Aufschrei, sie mit ihrer besonderen Problematik wahrzunehmen und ihnen zu helfen, ihre, wie einer schrieb, „verkorkste Vergangenheit" zu überwinden. Alle Kinder aus Familien mit Alkoholismus wollen niemals so werden wie ihr Vater. Aber einige werden es doch, und andere verbleiben durch die Heirat eines Suchtmittelgefährdeten oder -abhängigen in dem ihnen bekannten Suchtmilieu.

Die Worte Sucht und Seuche gehen sprachgeschichtlich auf dieselbe Wurzel zurück und stehen daher in einem Sinnzusammenhang. Bei einer Seuchenerkrankung gehören zum Gesamtkonzept der Bekämpfung die Therapie des Erkrankten, hygienische Maßnahmen im Umfeld des Erkrankten und Vorsorgemaßnahmen für seine Bezugspersonen. So wird zugleich der Ausbreitung der Seuche vorgebeugt. Die starke Eindämmung von Seuchen und Infektionskrankheiten hängt weitgehend auch damit zusammen, daß die Bürger genügend informiert sind, wie sie sich vor ihnen schützen können, und daß sie wissen, was zu tun und zu lassen ist, wenn jemand von einer Seuchenerkrankung betroffen wird.

Zwar ist bei der Sucht die Sachlage differenzierter, jedoch darf sich die Therapie nicht auf den abhängig Gewordenen beschränken. So wie der an einer Seuche Erkrankte zugleich Hinweis ist auf einen Seucheherd, muß beim Süchtigen gefragt werden, auf welchem sozialen Boden sich Sucht und Suchtprozeß bildeten.

Immer mehr setzt sich in allen Lebensbereichen eine ganzheitliche Sichtweise durch. Sie wird zu einer Überlebensfrage der Schöpfung und damit der Menschheit. An die Stelle des linearen tritt ein vernetztes Denken. Das gilt auch für die Bereiche von Gesunderhaltung, Krankheit und Therapie.

Nach dem heutigen Erkenntnisstand ist es notwendig, das Urteil des Bundessozialgerichtes aus dem Jahr 1968, wonach Alkoholismus ein individuelles Krankheitsgeschehen ist, zu revidieren. Das Urteil hat zwar dem Süchtigen einen Anspruch auf eine Leistung zur Behandlung seines Leidens gebracht, jedoch Leistungen für eine umfassende Hilfe für die Familie blieben unberücksichtigt.

Meines Erachtens empfiehlt es sich, bei Alkoholismus das Wort Krankheit durch Abhängigkeit zu ersetzen. Das trägt zur Vereinheitlichung der Begriffe bei, zumal es gebräuchlich ist, von einer Medikamenten-, Drogen- oder Nikotinabhängigkeit zu sprechen. Mit dem Begriff der Abhängigkeit ist zugleich eine Nähe zu der mitzubehandelnden Abhängigkeit bei den Angehörigen gegeben.

Eine Erfahrung im Betty Ford-Therapiezentrum in Kalifornien

Bei einer Studienreise durch stationäre Einrichtungen zur Therapie Suchtmittelabhängiger in den USA besuchte ich das Betty Ford-Therapiezentrum in Kalifornien. Wie in allen Einrichtungen gehört auch dort zur vierwöchigen Therapie eine einwöchige stationäre Einbeziehung der Familie in das therapeutische Geschehen. Die Familienangehörigen haben Einzel- und Gruppengespräche zunächst allein, dann zusammen mit ihrem suchtmittelabhängigen Familienglied.

Betty Ford ist die Ehefrau des ehemaligen US-Präsidenten Gerald Ford. Sie war alkoholabhängig geworden und unterzog sich einer stationären Therapie. Es wurde als selbstverständlich vorausgesetzt, daß auch der Präsident mit seinen Kindern in der vorgesehenen Woche in die Klinik kam. Schließlich war die Familie Ford in keiner anderen Lage als andere amerikanische Familien, in denen es Suchtmittelabhängigkeit gibt.

Aus Dankbarkeit für die Gesundung haben das Ehepaar Ford und weitere bekannte Persönlichkeiten Amerikas das Betty Ford-Therapiezentrum gestiftet. Daraus wird in Amerika kein Geheimnis gemacht. Präsident Ford hat sich gewiß mit der Frage auseinandersetzen müssen, ob und inwieweit er ein Co-Abhängiger ist und in welchen Rollen seine Kinder sind.

Schuld und Vergebung
unter den Familienangehörigen

Selten gestaltet sich das Miteinander für Familienangehörige so schwierig wie dort, wo ein Elternteil alkoholabhängig ist. Alles, was sie tun, um zu helfen, stellt sich bald als Mißerfolg heraus. Ihr taktisches Vorgehen gerät stets durcheinander angesichts der Eigengesetzlichkeit des Suchtgeschehens. Weil sie im Denken und Fühlen verunsichert werden, kommt es zu Schuldzuweisungen und Schuldverschiebungen unter den Angehörigen:

„Wärst du nicht so patzig zu Vater gewesen, wäre er nicht fortgegangen." – „Mutter, du hast Vater so lange mit deinen Vorwürfen gereizt, bis er wieder die Flasche geholt hat." – „Die Oma ist schuld, sie hat Vater schon als Kind so verwöhnt." – „Mich behandelt ihr wie das fünfte Rad am Wagen. Ist es da ein Wunder, daß ich trinke?" – „Wenn Vater nicht einen Chef hätte, der ständig an ihm herumkritisiert, würde er nicht trinken." Auch Außenstehende versuchen oft, das Trinken mit Hilfe solcher Schuldzuweisungen zu erklären, z. B.: „Bei dieser Frau würde ich auch trinken."

In diesem Wirrwarr von Versagen und gegenseitigen Beschuldigungen verlieren Kinder in Suchtfamilien immer mehr die Hoffnung, jemals aus diesem Dilemma herauskommen zu können. Sie fühlen sich ohnmächtig und hilflos und plagen sich mit der Frage, ob sie nicht mitschuldig geworden sind.

Wie die Angehörigen richtig zu handeln haben, meint allenfalls der Außenstehende zu wissen. Kommt er jedoch selbst in diese Situation als Angehöriger hinein, wird er genauso von Zweifeln hin- und hergerissen. Jetzt weiß er selbst nicht, was richtig und was falsch ist. Da nun alles, was die Angehörigen unternehmen, nicht zum Erfolg, nicht zur Überwindung der Sucht führt, beginnen sie zu fragen nach dem eigenen schuldhaften Versagen. Wer will ihnen verübeln, wenn sie in ihrer Bedrängnis zu Mitteln greifen, um sich zu wehren, die ihnen sonst fremd sind? Hinterher machen sie sich Vorwürfe, empfinden Schuld, die sie wiedergutmachen wollen.

„Bin ich schuld, daß mein Vater Alkoholiker wurde?"
(Bernd, 20 Jahre)

Vor zwölf Jahren war mein Vater zur Entwöhnungsbehandlung fort. Ich war damals acht Jahre. Ich habe noch eine jüngere Schwester. Meine Mutter war recht kränklich und konnte nicht voll mitarbeiten. Wir wohnen bis heute im Haus meiner Großeltern. Meinen Opa kenne ich nicht. Er ist im Krieg gefallen. Zum Haus gehört eine kleine Landwirtschaft. Die versorgte mein Vater, wenn er von der Arbeit heimkam. Den Stall besorgte, wenn es ging, meine Mutter, sonst die Oma. Wir hatten ein paar Kühe, Rinder und Schweine, dazu Geflügel. Oma war mehr für den Haushalt verantwortlich. Sie kochte auch. Sie hatte ihre Stube im ersten Stock, daneben hatte ich mein Zimmer. Inzwischen lebt Oma nicht mehr. Sie führte eindeutig das Regiment bei uns. Vater erzählte, daß er bis zu seinem einundzwanzigsten Lebensjahr ihr seinen Verdienst geben mußte. Er bekam nur ein wenig Taschengeld.

Als Vater zur Kur fortmußte – die Firma setzte ihn unter Druck –, habe ich sehr geweint. Ich liebte meinen Vater, auch wenn er trank. Er war kein Wirtshausgänger. Auch zu Hause trank er wenig, aber er stand immer „unter Strom". Diesen Ausdruck habe ich inzwischen gelernt. Als er fort war, entdeckten wir einige seiner Verstecke für die Bierflaschen, die mir nicht bekannt waren. Auf dem Heuboden hatte er ein richtiges Lager angelegt. Natürlich waren die Flaschen leer.

Vater hat zu Hause niemals rumgeschrien. Er schlief meistens schon am Tisch ein. Und dann verzog er sich ins Wohnzimmer, stellte den Fernseher an und schlief oft auf dem Sofa ein, bis ihn Mutter weckte und er ins Bett ging. Manchmal mußte sie ihn ins Bett bringen. So gesehen hatte ich wenig von meinem Vater. Aber er nahm mich, schon bevor ich zur Schule ging, aufs Feld mit und zeigte mir vieles. Ich durfte auch von seinem Schoß aus manchmal den Traktor steuern.

Vater hat sehr darunter gelitten, daß Mutter so kränklich war. Und Oma behandelte ihn oft wie einen Buben. Ich erinnere mich: Wenn er von der Arbeit heimkam, sagte sie ihm, was er tun sollte.

Sie überschüttete ihn förmlich mit Aufträgen. Dann gab er auch schon mal Widerworte, aber in der Regel gab er nach. Vielleicht trank er, weil er zu schwach war, um sich von ihr unabhängig zu machen. Auch meiner Mutter gegenüber war Oma die Chefin. Was sie sagte, galt.

Als ich sieben Jahre alt war, begann mein Vater, mich zum Bierholen in ein Lebensmittelgeschäft zu schicken. Es waren immer mehrere Flaschen, die ich ihm bringen mußte. Die stellte ich in sein Versteck, in den Geräteschuppen. Ich dachte, das soll ich deswegen tun, weil die Oma ihm das Bier nicht gönnt. Die Oma war nämlich auch geizig. Es machte mir nun richtig Spaß, die Oma auszutricksen. So sorgte ich nach und nach täglich für den Biervorrat, bis mir Oma auf die Schliche kam.

Sie machte meinem Vater und auch mir ein großes Spektakel. Vater blinzelte mir dabei zu, und ich wußte Bescheid. Das hieß, laß die Oma schimpfen, wir beide halten zusammen. Das war unser Bündnis. Mutter verhielt sich eher unparteiisch. Mit Vater machte ich einen anderen Ort als Bierversteck aus. Oma paßte auf wie ein Luchs. Und manchmal erwischte sie mich. Sie sagte, ich sei schuld, wenn der Vater eines Tages in eine Säuferheilanstalt käme. Das schrie sie dann auch einmal, als sie mich mit der gefüllten Tasche auf der Straße erwischte, in Gegenwart anderer Menschen laut heraus. Ich schämte mich sehr.

Einige Zeit später versprach sie, mir täglich fünfzig Pfennig zu geben, wenn ich Vater kein Bier mehr holen würde. Ich erhielt auch die fünfzig Pfennig. Vater war davon keineswegs erbaut. Schon immer bekam ich ein kleines Trinkgeld von ihm. Nun bot er mir siebzig Pfennig pro Tag. Er überbot die Oma. Das habe ich einige Zeit voll ausgenutzt und nahm von beiden Geld. Ich bekam aber ein schlechtes Gewissen. Das Bierholen mußte nun noch heimlicher geschehen. Natürlich kam der Schwindel eines Tages heraus. Oma war böse auf mich und sagte wieder, daß ich schuld sei, wenn Vater in eine Trinkerheilanstalt käme.

Und dann war es eines Tages wirklich soweit. Vater sollte in die Landesnervenklinik. Im Dorf nannte man sie „Hoppla". Wenn Vater kein Bier hatte, zitterte er, und der Schweiß stand ihm auf der Stirn. Auch ging er in dieser Zeit des öfteren nicht zur

Arbeit. Er ließ sich krankschreiben. Mich quälte der Vorwurf von Oma: „Du bist schuld, wenn dein Vater in die Trinkerheilanstalt kommt." Das war schrecklich. Ja, ich war tatsächlich schuld! Ich hatte Oma nicht gehorcht und Vater immer wieder Bier geholt.

Zum Glück kam er nicht in die „Hoppla". Er kam zur Entgiftung in das Krankenhaus in unserer Stadt und anschließend für sechs Monate in eine Kur.

Mutter und ich fuhren zur Aufnahme mit. Das Auto steuerte unser Nachbar. Ich hatte mir eine Trinkerheilanstalt und die Menschen dort ganz schlimm vorgestellt: Gitter vor den Fenstern, dunkle große Schlafsäle, lange Flure und die Menschen in Anstaltskleidung. Mir fiel ein Stein vom Herzen, daß das nicht stimmte. Das Haus lag wirklich schmuck da. Alles war sauber und gepflegt. Die Zimmer waren hell und freundlich. Als unser Auto hielt, kamen zwei Patienten und begrüßten uns. Sie halfen das Gepäck tragen. Sie erzählten von sich und machten meinem Vater Mut. Sie wollten ihm auf jeden Fall seine Anfangsängste nehmen. Wir durften am gemeinsamen Mittagstisch teilnehmen. Dort trafen wir alle Patienten, und sie sahen ganz normal aus. Die Mitarbeiter aßen mit uns zusammen im Speiseraum. Wir wurden begrüßt und Vater herzlich willkommen geheißen.

Zu Hause beschäftigte mich wieder die Frage: „Bin ich schuld, daß Vater ein Alkoholiker geworden ist, weil ich ihm Bier geholt habe?" Oma wiederholte diese Anklage nicht mehr. Aber dennoch plagte mich mein Gewissen. So legte ich großen Wert darauf, mit Mutter nach einigen Wochen zum ersten Besuch zu Vater mitzufahren. Vater hatte sich gut erholt, sah schon ganz anders aus. So viel hatte ich meinen Vater noch nie erzählen gehört. Er war sonst ein wortkarger Mann.

Kurz vor der Heimfahrt hielt ich es nicht mehr aus. Ich wollte wissen, ob ich schuld sei, daß Vater zum Trinker geworden war. Der diensthabende Therapeut stand vor der Tür. Ich faßte mir ein Herz und ging zu ihm hin. Ich wußte seinen Namen nicht. So sagte ich: „Herr Therapeut, stimmt es, daß ich schuld bin, daß Vater ein Trinker geworden ist?" Er ging mit mir ein paar Schritte seitwärts, damit wir allein waren. Er wollte wissen, wie ich auf diesen

Zum Thema: „Wie stelle ich mir unser Familienleben nach der Rückkehr des Vaters aus der Therapie vor?" malte Bernd, 10 Jahre, dieses Bild und sagt dazu: „Daß wir endlich eine Familie sind und Vater sich von Oma (Spinne) nicht mehr in seine Angelegenheiten reinreden läßt."

Gedanken gekommen war. Ich erzählte ihm die ganze Geschichte mit der Oma und mit dem Bierholen. Der Therapeut sagte mir dann: „Nein, du bist nicht schuld. Ich hoffe, dein Vater wird bei uns so gesund, daß er nicht mehr trinken wird."

Zu Hause angekommen, ging ich gleich zur Oma und sagte ihr: „Ich bin nicht schuld, daß Vater ein Alkoholiker geworden ist. Das hat mir der Therapeut gesagt." Oma sagte dazu nichts. Sie fragte nur, wie es Vater ginge.

Gern möchte ich noch einiges zu dem Bild sagen, das ich damals im Kinder-Eltern-Seminar gemalt habe. Wir Kinder sollten ein Bild malen, wie wir uns das Leben in der Familie vorstellen, wenn der Vater nach Hause kommt. Ich malte das Bild von der Hasenfamilie im Iglu. Es war mein sehnlichster Wunsch, daß wir eine eigene Wohnung für uns vier haben, ohne die Oma. Ich hatte selbst Stallhasen und beneidete sie, wie sie so dicht beieinander saßen in ihrem

Stall, zusammen mit der Mutter, und sich wärmten. Bei uns war jeder mehr für sich allein.

Als mich beim Seminar die junge Therapeutin fragte, was der Galgen mit der Spinne daran zu bedeuten habe, wollte ich zunächst nicht mit der Sprache heraus. Ich bekam einen roten Kopf. Ich hatte den Galgen auch erst gar nicht malen wollen. Zuerst malte ich die Hasenfamilie, und dann kam der Galgen mit dem Spinnennetz einfach dazu. Natürlich wollte ich die Oma nicht aufhängen, aber ich wollte, daß sie uns in Ruhe läßt, sich nicht in alles und jedes einmischt und uns rumkommandiert. Ich hatte oft eine Stinkwut auf sie. Wenn ich mich recht besinne, auch beim Malen des Bildes.

Wenn ich mir jetzt das Bild ansehe, dann merke ich, wie sie uns ganz schön eingesponnen hatte. Das geschah nicht mit dicken Seilen. Aber ich hatte immer so den Eindruck, irgendwie in einer Art Gefangenschaft bei ihr zu sein. Die Stimmung war in unserem Hause oft gedrückt. Und Oma war allgegenwärtig. Ich will nicht sagen, daß meine Oma schlecht war, aber sie hatte so eine Art an sich, daß sie alles kontrollierte, alles wissen wollte und sich auch um alles kümmerte. Sie wurde damals, zusammen mit Mutter, zu ein oder zwei Gesprächen in die Heilstätte gebeten, und sie fuhr auch mit. Nachdenklich kam sie zurück. Einmal schimpfte sie über Vaters Therapeuten. Der hätte keine Ahnung, wie das Leben wirklich aussähe.

Einen Iglu haben wir nicht bekommen. Aber nachdem Vater nach Hause kam, wurde bei uns vieles anders. Oma schien doch vieles eingesehen zu haben. Vor allen Dingen aber wehrte Vater sich, wenn sie wieder mit ihm umgehen wollte wie mit einem kleinen Buben. Wenn es ihr auch schwerfiel, hielt sie sich doch zurück und mischte sich nicht so viel in Dinge ein, die sie nichts angingen. Vater baute das Haus ein wenig um, und Oma bekam ein zweites Zimmer dazu, ein kleines Bad und eine eigene Küche. Nun hatte sie ihr eigenes Reich und wir das unsere. Es war nun nicht so, daß Oma überhaupt nicht mehr runterkam und Mutter nicht mehr geholfen hätte. Aber sie war nicht dauernd unten. In der Regel kochte sie auch für sich allein. So hatten wir doch einen „Iglu" für uns. Schade, daß Oma schon gestorben ist. Ich kam mit der Zeit immer besser mit ihr zurecht und mochte sie. Mutter wurde nach und nach gesünder. Von ihrer alten Erkrankung ist fast nichts mehr übriggeblieben.

Einmal im Jahr gibt es eine Wiedersehensfeier in Vaters Heilstätte. Da trifft er Kameraden, die mit ihm zur Kur waren. Das ist immer ein großes Fest mit mehr als tausend Menschen, die in einem großen Zelt zusammenkommen. Bislang bin ich jedes Jahr mit den Eltern mitgefahren. Vater fährt auf jeden Fall und ich auch. Ich habe es mir vorgenommen, jedes Jahr dabei zu sein, solange wie Vater lebt. Und auch das habe ich mir vorgenommen: Solange Vater keinen Alkohol trinkt, trinke ich auch keinen. Das ist unser neues Bündnis. Mutter hat noch niemals Alkohol getrunken, auch aus gesundheitlichen Gründen. So gibt es bei uns zu Hause keinen Alkohol. Deswegen bleiben aber die Gäste nicht aus. Im Gegenteil, bei uns ist immer was los und das Wohnzimmer ist gerappelt voll.

Schuldzuweisungen als Abwehr der eigenen Schuld

Eine zentrale Rolle in der Familie von Bernd spielt die Großmutter. Sie beherrscht alles und alle. Es stellt sich die Frage, ob die Erkrankung von Bernds Mutter eine unbewußte Reaktion war, sich der Herrschaft ihrer Schwiegermutter zu entziehen. Als gesunde Mutter wird sie Bernd gewiß sehr gefehlt haben, besonders als der Vater abhängig wurde. Aber er konnte daran nichts ändern. Und dazu noch die Vorwürfe der Großmutter, daß er Schuld hat, wenn sein Vater in eine Trinkerheilanstalt kommt, was dann auch wirklich geschah. Armer achtjähriger Bernd!

Wenn Bernd zusammen mit seinem Vater in jedem Jahr zur Wiedersehensfeier kommt, ist dies ein besonderes Ereignis für ihn. Schuld und Ohnmacht beherrschten ihn, als er den Vater zur Kur begleitete. Nun freut er sich und ist dankbar, daß sein Vater und das Leben in der Familie gesund geworden sind.

Schuldzuweisungen wie die der Großmutter sind eine Abwehr, sich mit der Frage nach der eigenen Schuld auseinanderzusetzen. Ein altes chinesisches Sprichwort sagt: Wenn du mit dem Finger auf andere zeigst, dann drehe die Hand um, und sieh, wieviele Finger auf dich selbst zeigen.

Klaus, 13 Jahre: „Alle sind gegen meinen Vater."
Im Informationsseminar für die „strategisch wichtigen Personen"
des alkoholabhängig Gewordenen und seiner Familie bekommen
die Teilnehmer Hilfe, sich mit den drei Fingern derjenigen ausein-
anderzusetzen, die auf sie zurückzeigen, sowie mit den abwehren-
den Händen.

Schuld, ein uraltes Menschheitsproblem

Schuld zu leugnen und abzuschieben, ist ein uraltes Menschheits-
problem. Nach dem Bericht der Bibel bricht es bereits im Paradies
auf. Dort galt das Gebot Gottes: „Du darfst essen von allen Bäumen im Garten; aber von dem Baum der Erkenntnis des Guten und
Bösen sollst du nicht essen; denn an dem Tage, da du von ihm is-
sest, wirst du des Todes sterben" (1. Mose 2, 16. 17). Eva läßt sich
von der Schlange verführen und ißt. Adam läßt sich von Eva verführen, nimmt von ihr die verbotene Frucht und ißt auch. Damit
ist das Schuldbewußtsein, und daraus folgernd die Abwehr der
Schuld, geweckt. Adam versteckt sich mit Eva vor Gott im Garten.

„Wo bist du?" ruft Gott Adam. Der antwortet: „Ich hörte dich im Garten und fürchtete mich; denn ich bin nackt, darum versteckte ich mich." Äußerlich und innerlich nackt vor Gott waren die Menschen bislang auch. Deswegen aber schämten sie sich nicht. Aber nun hat ihr inneres Nacktsein einen dunklen Fleck bekommen. Ihn wollen sie verstecken mit Hilfe von Ausreden und Lügen. Und damit beginnt, was Jesus so ausdrückt: „Wer Sünde tut, der ist der Sünde Knecht" (Johannes 8, 34).

Als Gott Adam fragt: „Wer hat dir gesagt, daß du nackt bist? Hast du nicht gegessen von dem Baum, von dem ich dir gebot, du solltest nicht davon essen?" schiebt Adam die Schuld ab. Er erfindet gleich zwei Schuldige, nämlich seine Frau und Gott, der ihm diese Frau, die ihn verführt hat, gab: „Das Weib, das du mir zugesellt hast, gab mir von dem Baum, und ich aß." Der Teufelskreis von Lüge und Schuld setzt sich fort. „Das ist der Fluch der bösen Tat, daß sie fortzeugend immer Böses muß gebären", sagt Schiller.

Eva stellt sich auch nicht ihrer Verantwortung. Sie sagt: „Die Schlange betrog mich, so daß ich aß." Also ist die Schlange schuld. Letztlich aber wird Gott zum Hauptschuldigen. Warum hat er die Schlange erschaffen? Warum hat er diesen Baum, und damit eine Gefährdung, in das Paradies gepflanzt? Warum hat er mit seinem Gebot die Menschen neugierig gemacht? Warum hat er die Menschen nicht so ausgestattet, daß sie allen Versuchungen widerstehen können? Warum, warum, warum? Der uralte Bericht der Bibel ist bis heute für das menschliche Miteinander hochaktuell.

Gott läßt sich mit Adam nicht in eine Diskussion über die Schuldfrage ein. Er macht ihn selbst verantwortlich. Adam hat die Fähigkeit, Entscheidungen zu treffen. Er konnte auch nein sagen und seine Frau auf das Gebot Gottes verweisen. Er mußte nicht essen. Er sieht, wie Jesus es ausdrückt, den Splitter im Auge seiner Frau, aber nicht den Balken im eigenen Auge. Er hatte die Möglichkeit, sein Versagen zu bekennen und um Vergebung zu bitten, um so die gestörte Beziehung zu Gott zu bereinigen. Das aber tut er nicht, sondern er verrennt sich in immer neue Schuld. So verliert er die Gemeinschaft mit Gott, das Paradies, immer mehr.

Wenn Alkoholabhängige nicht nur körperlich ausgenüchtert sind, sondern auch geistig und seelisch nüchtern werden, stellt sich ihnen zunehmend die Frage nach ihrer Verantwortung für das Suchtgeschehen und dem, was sich in dieser Zeit im besonderen für die Frau und die Kinder ereignet hat. Weichen sie dieser Auseinandersetzung aus, blockieren sie ihren eigenen Gesundungsprozeß und die Gesundung der gestörten Beziehungen zu den Familienangehörigen und anderen Menschen.

Hilfe zu einer nüchternen Betrachtung des Geschehenen brauchen jedoch auch die Angehörigen. Zunächst benötigen sie Zeit, zu sich selbst zu kommen. Dann müssen sie aus dem Abstand heraus eine klare Sicht gewinnen für das, was sich im Suchtgeschehen ereignet hat. Gespräche mit Angehörigen anderer Familien, die dieses Problem hinter sich haben, werden ihnen guttun. Inzwischen gibt es derartige Gruppen. Für die Kinder gibt es leider immer noch zu wenige Hilfsmöglichkeiten. Darüber hinaus brauchen die Angehörigen fachkundige Beratung, auch Seelsorge, um entstandene Schuldprobleme überwinden zu können.

Aus dem folgenden Brief wird deutlich, daß der Vater zwar abstinent lebt, die Schuldfrage in der Familie aber nicht gelöst ist. Man hat einander nicht um Vergebung gebeten und vergeben, und somit kam es auch nicht zu einem Neubeginn in den Beziehungen. So bricht die Schuldfrage immer wieder auf.

„Ich lebe weiter mit einem schlechten Gewissen" (Antje, 20 Jahre)

Liebe Eltern, wenn ich meine Kindheit überdenke, ist mir ganz klar, daß wir Kinder für Euch nebensächlich waren und wir nur selten von Euch ernst genommen wurden. Ihr seid viel zu oft mit Euch selbst beschäftigt gewesen. Mutter, ich verstehe, daß Du genügend Probleme mit dem Trinken des Vaters hattest. Aber ich und meine Geschwister waren ja auch noch da. Wenn ich aus der Schule kam, machte ich meine Aufgaben und habe Dir dann im Haushalt geholfen. Und wenn Du zufrieden warst mit mir, durfte ich noch etwas spielen.

Damals haben wir Tennisschläger bekommen, und wir spielten damit, so oft es ging, in unserer Straße. Als ich einmal mit einer

Freundin aus der Nachbarschaft spielte, gab ich ihr meinen Schläger und nahm den von Werner. Es dauerte kaum zehn Minuten, da habt Ihr beide mich ins Haus gerufen. Ich bekam eine Tracht Prügel, weil ich meinen Schläger der Freundin gegeben hatte.

Sonst habt Ihr mir beibringen wollen, daß man im Leben teilen muß und immer auch an andere weitergeben soll. Doch Euer Handeln hat mir gezeigt, daß ich Euch nicht glauben konnte. Ich fühlte mich doppelt bestraft: Einmal durch die Prügel, und dann wollte meine Freundin von da an nicht mehr zu mir kommen.

Und Du, Mutter, hast es zugelassen, hast daneben gestanden und zugesehen, wie Vater uns beschimpft und mitunter auch geprügelt hat. Du hast uns nicht beschützt. Meine Angst vor Vater übertrug sich dadurch auch auf Dich. Von Dir bekam ich nur gelegentlich einen Klaps. Aber dadurch, daß Du nicht geholfen oder mich beschützt hast, war ich überzeugt, Du bist genauso wie Vater, und ich kann auch Dir nicht vertrauen. Du wußtest von unserer Angst vor Vater und spieltest darauf an, wenn Du uns maßregeln wolltest. Dann hieß es: „Wenn du das oder jenes nicht tust, dann sag ich's dem Vater, und du weißt ja, was dann geschieht."

Ich weiß heute, daß das ein wesentlicher Grund dafür war, daß ich angefangen habe zu lügen. Beim Saubermachen fiel mir einmal ein emaillierter Wandschmuck herunter, und ein Stück Email sprang ab. Als das von Euch entdeckt wurde, habe ich gelogen, was das Zeug hielt, aus Angst vor den Folgen. Nachdem ich schließlich doch die Wahrheit gesagt hatte, bekam ich Schläge fürs Lügen. Das war hart. Das konnte ich nicht verstehen. Ich fühlte mich immer mehr wie in einem Teufelskreis. Ich wußte bald nicht mehr, was Wahrheit war und was nicht. In all diesen Situationen fühlte ich mich sehr allein gelassen.

Eine Änderung trat ein, als ich achtzehn Jahre alt war und auswärts eine Ausbildung anfing. Ich war nun nicht mehr jederzeit für Euch verfügbar, sondern kam nur am Wochenende heim. Jedoch hatte ich nach wie vor am Samstagmorgen die Hausarbeit zu verrichten. Sonntags mußte ich pünktlich, wie auch sonst, in der Küche sein und bei den Vorbereitungen für das Mittagessen helfen. Ich hätte auch von mir aus geholfen. Schlimm war für mich dieses Muß.

Ihr fragt, wie es mir heute geht. Ich komme mit meinem Leben klar. Zwar gibt es genügend Probleme, aber ich habe den Eindruck, daß ich sie bewältigen oder mit ihnen leben kann. Daß ich heute klarkomme, habe ich Menschen zu verdanken, die mich achten und so mögen, wie ich bin. In der Beziehung zu meinem Partner habe ich gelernt, mehr an mich zu denken und nicht vorwiegend an ihn. Ich tue heute Dinge, die mir Spaß machen und zu denen ich Lust habe.

Aber wenn ich heute zu Euch nach Hause komme, habe ich immer noch ein flaues Gefühl. Ich möchte, daß sich das ändert. Vielleicht hilft dieser Brief, daß wir zu einer gründlichen Aussprache kommen. Ich hatte die Hoffnung, wenn Vater nicht mehr trinkt, dann würde dieses flaue Gefühl verschwinden. Diese Hoffnung hat sich leider nicht erfüllt. Gerade Dir gegenüber, Mutter, lebe ich weiter mit einem schlechten Gewissen. Manchmal meine ich heute noch, ich müßte bei Dir sein und Dich beschützen.

Mutter, Dir zu verzeihen, fällt mir leichter als Vater. Ich weiß, Du machst Dir große Vorwürfe, daß Du mir und den Brüdern gegenüber versagt hast. Ich weiß, daß es Dir leid tut. Ich will nicht, daß Du heute noch darunter leidest. Ich freue mich, daß ich Dich, besonders im letzten Jahr, konsequenter gegenüber Vater erlebe, und daß Du es wagst, Deinen Weg zu gehen, um etwas für Dich zu tun. Ich denke, daß Vater lernen muß, nicht seinen Kopf durchzusetzen, sondern sich auch nach Dir zu richten. Ich möchte mir für Dich mehr Zeit nehmen.

Um meine Zukunft braucht Ihr Euch keine Gedanken zu machen. Ich glaube, daß ich gelernt habe, zufrieden und befreiter zu leben. Wenn ich genau wüßte, daß es Euch gutgeht, könnte ich mich auch gedanklich mehr von Euch lösen. So aber habe ich Angst, daß Dir, Mutter, etwas passiert und ich Dir nicht helfen kann. Ich würde so gerne die Vergangenheit ein für allemal abhaken, aber das geht nicht. Ob es zwischen uns je ein Vertrauensverhältnis geben wird, weiß ich nicht. Aber ich möchte in Frieden mit mir selbst und mit Euch leben. Ich bitte Euch, daß Ihr mich mein Leben leben laßt und Euch mit mir freut, wenn ich glücklich bin.

Einander vergeben

Sprachlosigkeit ist ein typisches Zeichen während des Suchtgeschehens. Miteinander reden, reden und nochmals reden, das ist für die eigene Genesung und die der Beziehungen wichtig. Aber nicht nur das. Notwendig ist, einander zu vergeben.

Es fällt vielen schwer, einen Menschen, dem sie Leid zugefügt haben, um Vergebung zu bitten. Vielen Kindern ist die Bitte um Vergebung bei Vater und Mutter unbekannt, wenn sie einander Unrecht getan haben. Schon gar nicht haben sie erlebt, daß die Eltern um Verzeihung baten, wenn sie ihre Kinder ungerecht behandelt hatten. So fehlt ihnen das Leitbild dafür.

Zu unserem Menschsein gehört, daß wir nicht vollkommen sind und deshalb aneinander schuldig werden, ohne es zu wollen. Wenn nun aber das Schuldigwerden schon zu uns gehört, warum dann nicht auch, daß wir einander um Vergebung bitten?

Nicht zufällig steht im Unser Vater die Bitte: „Vergib uns unsere Schuld, wie auch wir vergeben unseren Schuldigern." Es gibt keine Väter und Mütter, die nicht an ihren Kindern schuldig werden. Und auch Kinder werden an ihren Eltern schuldig. Darum ist die Bitte um Vergebung überaus wichtig zur Erhaltung unserer Gesundheit und zur Gesundung der Beziehungen in der Familie und darüber hinaus.

Es ist unmöglich, Schuld mit Schuld aufzurechnen. Das führt nur zu neuer Schuld. Vergeben können und um Vergebung bitten ist die Medizin, die kranke Beziehungen heilt. „Vergib mir meine Schuld" – „Ich vergebe sie dir", das sind die wichtigsten Sätze in unserem Leben, um mit Menschen, mit Gott und mit uns selbst Frieden zu haben.

Kann ich aber dem vergeben, der mich nicht darum bittet? Ja, auch das ist möglich und nicht selten auch der einzige Weg, mit dieser Last fertigzuwerden. Im Unser Vater heißt es nicht: „Warte, bis dich der Schuldner um Vergebung gebeten hat", sondern: „Vater im Himmel, vergib uns unsere Schuld, wie auch wir vergeben unseren Schuldigern." Das hat Jesus uns vorgelebt. Am Kreuz hängend bittet er Gott für die Menschen, denen er geholfen hat, wie kein anderer vor und nach ihm. Sie hatten „Barabbas!" geschrien, als im

Schauprozeß der Landpfleger das Volk fragte: „Welchen wollt ihr? Wen von den beiden soll ich euch losgeben, Jesus oder Barabbas?" Als Jesus am Kreuz hängt, tritt keiner für ihn ein. Müßte er nicht spätestens jetzt die Menschen abgrundtief hassen? Statt dessen bittet er Gott für sie: „Vater vergib ihnen, denn sie wissen nicht, was sie tun." So siegt die Liebe. Sie überwindet und macht frei.

Vor einiger Zeit diskutierten in einer Fernsehsendung junge Frauen. Sie waren als Kinder von ihrem Vater oder einem nahen Verwandten vergewaltigt worden. Besonders beeindruckt hat mich die Aussage einer Frau: Sie habe inzwischen ihrem Vater vergeben können, ohne daß er sich bei ihr entschuldigt habe. Nur so sei es ihr möglich geworden, von ihrer Verachtung und von ihrem Haß auf den Vater frei zu werden. Die Motivation und die Kraft dazu habe sie aus ihrem Glauben empfangen. Jesus habe ihr ihre Sünden ohne jede Vorleistung vergeben, und so habe sie nun ihrem Vater vergeben. Sie sei jetzt frei, ihm zu begegnen und mit ihm, wenn er es wünsche, über das Geschehene zu sprechen.

„Vater, vergib mir"
(Peter, 21 Jahre)

An dem Wochenende zur Vorbereitung dieses Buches sprachen wir darüber, daß es in den Zehn Geboten heißt: „Du sollst deinen Vater und deine Mutter ehren." Und auch darüber, daß wir von Groll und Haß frei werden, wenn wir vergeben. Ich hatte nie einen Vater. Aber hatte mein Vater denn einen Sohn? Diese Gedanken kamen mir, als das Wort „vergeben" fiel: „Vergib uns unsere Schuld, wie auch wir vergeben unseren Schuldigern."

Ich stellte mir zum ersten Mal die Frage, was meinen Vater zum Alkohol getrieben hat. Keiner trinkt doch, um sich und seine Familie bewußt zu zerstören. Ich hatte immer nur daran gedacht, was mein Vater mir alles angetan hat, indem er trank und betrunken alles Mögliche sagte und machte. Das hat mir sehr weh getan.

Ich mußte ansehen, ohnmächtig mitansehen, wie nicht nur ich, sondern auch wie meine Mutter, meine Tante und meine Schwester unter ihm litten. Ich fing an, meinen Vater zu hassen. Heute hasse ich ihn nicht mehr. Eher hasse ich den Alkohol, der aus ihm ein solches Zerrbild gemacht hat und überall verherrlicht wird! Wieviel Leid kommt doch durch den Alkohol über Menschen! Und wieviele müssen elend sterben. Da sind die Drogentoten wirklich eine kleine Zahl. Ganz nüchtern betrachtet, klebt doch an diesem Alkohol zuviel Elend und auch zuviel Blut. Müssen durch Werbung Menschen, besonders junge, verführt werden, diese staatlich legitimierte Droge zu trinken?

Mein Vater ist jetzt sehr in unserer Achtung gestiegen. Er hat unser Vertrauen zurückgewonnen. Heute kann ich ihn ehren. Heute frage ich mich auch, ob es richtig war, wie ich mich ihm gegenüber verhalten habe. Ich habe ihn als unmündig angesehen, ihn als Vater mehr oder weniger verachtet, ihn verspottet, ignoriert. Das tut mir jetzt leid, und so bitte ich: „Vater, vergib mir."

Mißbrauch des Gebotes

Ein Freund erzählte mir von seinem strengen Vater. Er hat von ihm, besonders in der Kindheit, unbedingten Gehorsam gefordert. Versuchte er sich dem zu entziehen, hielt ihm der Vater das vierte Gebot vor: „Du sollst deinen Vater und deine Mutter ehren, auf daß es dir wohl ergehe und du lange lebest auf Erden." Dieser Ermahnung folgte der Satz: „Du wirst schon sehen, was du davon hast, wenn du so eigensinnig bist und das Gebot nicht befolgst."

Später lief bei ihm manches so, wie es ihm selbst nicht gefiel. Und dann fielen ihm wieder die Mahnungen seines Vaters ein. Seine Schwierigkeiten erlebte er als Strafe Gottes.

Nach und nach wurde ihm in den Gesprächen deutlich, daß sein Vater mit dem Gebot Gottes Mißbrauch getrieben hat. Er hat es zu einem pädagogischen Machtmittel herabgewürdigt und dabei seinem Sohn ein völlig falsches Gottesbild vermittelt. Anscheinend kam er gar nicht auf den Gedanken, sich anhand des Gebotes zu fragen, ob er sich als Vater so verhielt, daß ihn sein Sohn hat ehren können.

Begegnung mit Ulrike

In einem Bibelkreis für junge Menschen wurde über die Zehn Gebote gesprochen. Zu diesem Kreis gehörte auch Ulrike, die Tochter eines mir gut bekannten ehemals alkoholabhängigen Mannes. Sie war Teenager und hatte mancherlei Schwierigkeiten mit ihren Eltern, und diese auch mit ihr. Vor einiger Zeit hatte sie nach einem Autounfall, den ihr alkoholisierter Freund verursacht hatte, mehrere Tage im Krankenhaus gelegen.

Wir begegneten uns zufällig. Sie erzählte mir von einem Gespräch im Bibelkreis. Ich merkte, irgend etwas hatte sie tief getroffen. Kleine Schweißperlen standen auf ihrer Oberlippe, und ihr Blick war unstet. Das veranlaßte mich, mir Zeit für sie zu nehmen. Wir gingen in den nahegelegenen Park, um ungestört sein zu können. Ulrike fragte mich, ob es stimme, daß Gott die Missetat der Väter heimsuche an den Kindern bis ins dritte und vierte Glied, so wie es im biblischen Gebot stehe. Sie fände das empörend, denn sie könne doch nichts dafür, daß ihr Vater ein so wüster Alkoholiker gewesen sei. Er habe auch Gott lächerlich gemacht und geflucht. „Und nun sollen wir unschuldigen Kinder die Heimsuchung Gottes tragen und dann noch unsere Kinder und Kindeskinder? Und das soll der liebe Gott sein!" entrüstete sie sich. Im Bibelkreis habe sie es nicht gewagt, das offen auszusprechen. Ob der Autounfall eine solche Heimsuchung gewesen sei, fragte sie.

Sie wollte von mir eine Antwort. Das brachte mich zunächst in Verlegenheit. Ich bat mir Zeit aus, um die angeführte Bibelstelle gründlich lesen und um auch eventuell mit einem Pfarrer Rücksprache nehmen zu können. So vereinbarten wir ein weiteres Gespräch.

Zu Hause schlug ich das zwanzigste Kapitel im zweiten Buch Mose auf. Da heißt es zunächst: „Ich bin der Herr, dein Gott, der ich dich aus Ägyptenland, aus der Knechtschaft geführt habe. Du sollst keine anderen Götter haben neben mir." In den Versen fünf und sechs heißt es dann weiter: „... bete sie nicht an und diene ihnen nicht. Denn ich, der Herr, dein Gott, bin ein eifernder Gott, der die Missetat der Väter heimsucht bis ins dritte und vierte Glied ..." Und nun folgt der entscheidende Nachsatz, den ich nicht genau gewußt hatte, nämlich: „... an den Kindern derer, die mich hassen." Und weiter heißt es: „... aber Barmherzigkeit erweist an vielen Tausenden, die mich liebhaben und meine Gebote halten."

Ja, so geht es, dachte ich, da liest man etwas, ist betroffen und überliest das Wesentliche. Die Heimsuchung als Folge der Sünde der Väter vollzieht sich nicht an denen, die Gott lieben und seine Gebote halten. Sie werden Gottes Barmherzigkeit erleben. Paulus sagt das so: „Das Alte ist vergangen, siehe, Neues ist geworden" (2. Korinther 5, 17).

Ich rief Ulrike an. Wir trafen uns in einem Café. Ich hatte die betreffenden Verse auf ein Blatt Papier geschrieben und gab es Ulrike. Die Worte „... aber Barmherzigkeit erweist an vielen Tausenden, die mich lieben und meine Gebote halten", hatte ich unterstrichen. Gerne denke ich an dieses Gespräch zurück, das Ulrike von einer Last befreite. Als ich sie zur Straßenbahn begleitete, erzählte sie mir von einigen bislang von ihr wohlgehüteten Vorfällen aus der Zeit, als ihr Vater getrunken hat. Es tat ihr gut, endlich darüber reden zu können.

Helfendes und Schützendes

Zum Nachdenken – für die Kinder

Wenn du dich nach den Verkehrsregeln richtet, bist du im Straßenverkehr weniger gefährdet als derjenige, der dies nicht tut.

Wenn du über die Gefährdungen durch Drogen Bescheid weißt – und Alkohol ist eine Droge –, wirst du vorsichtiger mit ihnen umgehen als der, der nicht informiert ist.

Wenn du die erste Zigarette nicht rauchst, kannst du auch nicht nikotinabhängig werden. Entsprechendes gilt für Haschisch, Alkohol und andere Drogen.

Du lebst in einer Familie, in der es eine Abhängigkeitsproblematik gegeben hat oder noch gibt. Durch dieses Buch bist du sachkundiger geworden. Du hast einen besseren Durchblick bekommen in vergangenes und gegenwärtiges Geschehen.

Alkoholismus ist nicht erblich. In Familien, die vom Alkoholismus betroffen sind, sind die Nachkommen jedoch mehr gefährdet, selbst abhängig zu werden. Diese Schwachstellen gibt es auch bei anderen Krankheiten. Damit muß jeder leben. Du solltest dir dieser Schwachstellen bewußt sein und besonders vorsichtig mit ihnen umgehen.

Wenn du Alkohol trinkst und merkst, daß du von ihm eine bestimmte Wirkung erwartest, um dich freier, aktiver und ausgeglichener zu fühlen, dann ist es richtig, daß du nicht mehr trinkst und jetzt mit deinen Eltern oder einem anderen erfahrenen Menschen sprichst. Du willst nicht, daß du abhängig wirst, wie es dein Vater war, und auch das, was die Mutter durchgemacht hat, möchtest du nicht erleben.

Die gleiche Vorsicht ist geboten, wenn du feststellst, daß du dich immer wieder betrinkst, obwohl du das gar nicht willst.

Sprich über alles mit deinen Eltern, was dich aus der Zeit des Suchtgeschehens belastet. Das wird gewiß nicht gleich gehen, sondern nur nach und nach.

Vergib ihnen, wenn sie dich um Entschuldigung bitten, und entschuldige dich auch selbst bei ihnen, wenn du ihnen Unrecht getan hast.

Suche dir Freunde, denen du vertrauen und mit denen du über alles sprechen kannst.

Meide Cliquen von Jugendlichen, die noch in ähnlichen Verhältnissen stecken, wie sie bei Euch gewesen sind. Blinde können einander nicht den Weg weisen.

Wenn das Belastende, das du in deiner Familie erlebt hast, richtig verarbeitest, kann daraus ein wichtiger Erfahrungsschatz werden, der dein Leben bereichert.

Berthold will dir mit seiner Geschichte (Seite 123) Mut machen.

Zum Nachdenken – für die Eltern

Sie wollen gewiß nicht, daß eines Ihrer Kinder suchtmittelabhängig wird oder einen suchtmittelabhängigen Partner bekommt. Suchtmittelabhängige sind weder bessere noch schlechtere Menschen als andere. Das Leid jedoch, in das sie und andere durch die Sucht hineinkommen, ist sehr groß.

Was können Sie als Eltern tun?

Wichtig ist, Ihren Kindern sachdienliche Informationen über Entstehung, Verlauf und Folgen der Beziehungs- und Suchtmittelabhängigkeit zu geben und sie durch persönliche Erfahrungen verständlicher zu machen.

Sprechen Sie offen mit Ihren Kindern, wenn es eine Abhängigkeitsproblematik in ihrer Herkunftsfamilie gegeben hat.

Hüten Sie sich vor abschreckenden Darstellungen und Übertreibungen. Sie bewirken damit das Gegenteil des Beabsichtigten.

Probleme, die sich in der Entwicklung Ihrer Kinder ergeben, sollten Sie nicht voreilig in eine Beziehung zum vorausgegangenen Suchtgeschehen bringen. Sie gehören zu jedem Kind in der Entwicklungsphase und stellen alle Eltern immer wieder vor neue Aufgaben. Bei größeren und anhaltenden Störungen holen Sie fachkundige Beratung ein und nehmen dann gegebenenfalls Hilfen für Ihr Kind in Anspruch.

Seien Sie in erster Linie um eine ausgewogene Partnerschaft in Ihrer Ehe bemüht. Ein positives Klima zwischen Ihnen wird sich auch positiv auf Ihre Kinder auswirken. Vielleicht werden Sie dazu selbst Hilfen durch Gruppen oder eine fachkundige Beratung in Anspruch nehmen müssen.

Machen Sie weder das frühere Suchtgeschehen noch die jetzige Abstinenz zum Hauptthema in der Familie. Werden Sie zu einer ganz normalen Familie, die eine schwere Zeit überstanden hat.

Wenn sich Gäste bei Ihnen wohlfühlen, wird das auch den Kindern helfen, andere Kinder einzuladen und soziale Kontakte zu knüpfen.

Seien Sie offen für alle Fragen, die Ihre Kinder vielleicht erst nach langer Zeit zu dem Suchtgeschehen stellen. Geben Sie ihnen die Sicherheit, daß Sie bereit sind, über alles zu sprechen.

Bitten Sie Ihre Kinder um Vergebung, wenn Sie ihnen Unrecht getan haben, auch wenn es schon Jahre zurückliegen sollte. Das Geschehene zu vergessen ist nicht möglich, jedoch wird durch Entschuldigung und Vergebung das Belastende aus der Beziehung genommen.

„Durchbrich die Isolation und suche dir gute Freunde" (Berthold, 21 Jahre)

Manchmal erlebe ich, daß es mir schwer fällt, Entschlüsse zu fassen. Ich denke, dieses Verhalten rührt aus der Zeit her, als mein Vater noch trank. Immer wieder geht es mir so: Ein Freund ruft bei mir an und fragt, ob ich nicht Lust hätte, an einem Abend etwas mit ihm zu unternehmen. Dann breitet sich in mir Angst aus, Angst vor dem, was mich erwarten könnte, Angst vor etwas, was mir unbekannt ist.

Zu der Zeit, als mein Vater getrunken hat, gab es bei uns kein gesellschaftliches Leben. Es gab nur gelegentliche Verwandtenbesuche und für meine Eltern den allmonatlichen Kegelabend. Meine Mutter hatte wohl immer ein wenig Angst davor, öfter mit Vater auszugehen. Mein Vater war sowieso viel lieber zu Hause. Er war kein Wirtshaustrinker.

Diese Umstände haben mich meiner Meinung nach ganz wesentlich mitgeprägt. Ich fand es in Ordnung, zu Hause zu bleiben und nur gelegentlich fortzugehen. Freunde hatte ich – solche, die angeblich gut für mich waren, und solche, die eigentlich gut für mich gewesen wären, wenn ... Ich möchte das mit einem Beispiel erklären: In unser Nachbarhaus zog eine griechische Familie ein. Sie mietete unsere Dorfkneipe und machten daraus ein griechisches Restaurant. Der Junge dieser Familie war sehr dick und roch zudem immer stark nach der griechischen Küche. Von anderen Jungen wurde er „dicker Grieche" genannt. Ich fand das nicht richtig, ergriff jedoch auch nicht Partei für ihn, weil ich nicht gegen den Strom schwimmen wollte und konnte. Er bot mir seine Freundschaft an, und ich konnte diese auch nicht ablehnen. Er war zwar sehr dick und verhielt sich unauffällig, konnte aber z. B. dreistellige Zahlen im Kopf malnehmen. Die Freundschaft hat leider nicht lange gehalten. Ich schwieg, wenn andere Freunde ihn schlecht machten. Dagegen wußte ich mich nicht zu wehren. Als es zu spät war, merkte ich, daß ich die falschen Freunde gewählt hatte. Der griechische Junge fragte nicht danach, ob wir einen Videorecorder hatten oder ich ein Fahrrad mit zehn Gängen. Er wollte mich als Freund, nur als Freund, nicht meinen „materiellen Deckmantel".

So stand ich schließlich ohne einen richtigen Freund da. Nun begann ich mich noch mehr zurückzuziehen, wie ich es ja eigentlich auch von zu Hause gewöhnt war. Die Angst, die mein Vater vor dem Weggehen hatte, hatte sich auf mich übertragen. Mit Freunden wegzugehen, erschien mir zu umständlich und als verlorene Zeit, obwohl ich mit der angeblich gewonnenen Zeit auch nicht mehr anzufangen wußte.

Ich traute mich nie, die Initiative zu ergreifen und jemanden zu fragen oder anzurufen. Genauso verhielt sich mein Vater. Meine Eltern merkten wohl, wie ich immer einsamer wurde. Sie versuchten, mir da herauszuhelfen, indem sie sagten: „Frag doch mal den oder ruf mal den an. Immer rufen die anderen an oder kommen zu dir." Daß es an Vaters Trinken und der bei mir daraus entstandenen Scham und den Hemmungen gelegen hat, daß ich mich zurückzog, sagte ich nicht, und sie kamen nicht darauf. Mir ist dies allerdings auch erst viel später richtig bewußt geworden.

Im Laufe der folgenden Jahre wurde diese Isolation für mich eine Fessel. Ich mußte sie sprengen. Doch ich hatte Schwierigkeiten, mich auf andere einzustellen. Es lag also hauptsächlich an mir, etwas dagegen zu tun. Aber das war sehr schwer. Der Isolation zu entrinnen war für mich schwerer, als mich mit dem Gedanken abzufinden, daß mein Vater Alkoholiker war.

So begann ich, auf die inzwischen rar gewordenen Angebote von alten Freunden einzugehen. „Mitgehen" hieß jetzt also mein Wahlspruch. Doch fiel es mir immer schwerer, diesem auch zu folgen. Es lag daran, daß die Freunde eine zu materialistische Weltanschauung vertraten, die ich nicht teilte. So ließ ich die neu entstandenen Beziehungen wieder schleifen und begann, mich zurückzuziehen.

Immer dachte ich mir, es müßte doch Menschen geben, die meine Ansichten teilen und mich verstehen. Ich fand sie dann auch. Schade, daß dies erst so spät der Fall war. Dennoch gelang es mir, schöne, mir weiterhelfende Freundschaften zu entwickeln. Ich habe jetzt richtige Freunde. Es kann sein, daß ich sie zwei Monate oder ein halbes Jahr lang nicht sehe, aber wenn wir uns dann treffen, haben wir das Gefühl, als hätten wir uns erst vor ein paar Tagen das letzte Mal gesehen.

Was ich jedem sagen möchte, der in einer ähnlichen Lage ist, wie ich war: Durchbrich deine Isolation und suche dir gute Freunde!

Literaturverzeichnis

Jutta Brackhoff (1987): Kinder von Suchtkranken. Situation, Prävention, Beratung und Therapie. Lambertus, Freiburg.

Bernd Frederichs (1990): Gesund durch Familienberatung. Ein neuer Weg für Ärzte und Patienten. Kösel, München.

Ursula Fuchs (1982): Wiebke und Paul. Anrich, Kevelaer.

Karl Lask (1974): Suchtfördernde Sozialisationsschäden und ihre Aufarbeitung in einer Therapeutischen Gemeinschaft. Nicol, Kassel.

Karl Lask (1988): Der Kuß der Selene. Frauen von Alkoholabhängigen machen Mut. Blaukreuz, Wuppertal.

Robin Norwood (1988): Briefe von Frauen, die zu sehr lieben. Betroffene machen Hoffnung. Rowohlt, Hamburg.

Robin Norwood (1987): Wenn Frauen zu sehr lieben. Die heimliche Sucht, gebraucht zu werden. Rowohlt, Hamburg.

Monika Rennert (1989): Co-Abhängigkeit. Was Sucht für die Familie bedeutet. Lambertus, Freiburg.

Fritz Riemann (1991): Grundformen der Angst. Ernst Reihnhardt, München.

Sharon Wegscheider (1988): Es gibt doch eine Chance. Mona Bögner-Kaufmann, Wildberg.

Jürg Willi (1986): Die Zweierbeziehung. Spannungsursachen, Störungsmuster, Klärungsprozesse, Lösungsmodelle. Rowohlt, Hamburg.

Jürg Willi (1986): Therapie der Zweierbeziehung. Rowohlt, Hamburg.

Anne Wilson-Schaef (1987): Co-Abhängigkeit. Mona Bögner-Kaufmann, Wildberg.

Wo Sie Hilfe finden können

Deutsche Hauptstelle
gegen die Suchtgefahren e.V.
Westring 2, Postfach 1 09
4700 Hamm 1
Tel.: (0 23 81) 2 58 55

Gesamtverband für Suchtkrankenhilfe
im Diakonischen Werk
der Evangelischen Kirche in Deutschland e.V.
Kurt-Schumacher-Straße 2
3500 Kassel
Tel.: (05 61) 10 95 70

Deutscher Caritasverband Freiburg e.V.
– Referat Gefährdetenhilfe –
Karlstraße 40
7800 Freiburg i. Br.
Tel.: (07 61) 20 03 69

Blaues Kreuz in Deutschland e.V.
Bundesgeschäftsstelle
Freiligrathstraße 27, Postfach 20 16 10
5600 Wuppertal 2 (-Barmen)
Tel.: (02 02) 62 10 98

Blaues Kreuz in der Evangelischen Kirche e.V.
Dieterichsstraße 17 a
3000 Hannover 1
Tel.: (05 11) 3 63 18 15

Blaues Kreuz der deutschen Schweiz
Zentralsekretariat
Lindenrain 3, Postfach 25 68
3001 Bern
Tel.: (0 31) 24 11 42

Bundesarbeitsgemeinschaft der Freundeskreise
für Suchtkrankenhilfe in Deutschland e.V.
– Selbsthilfeorganisation –
Kurt-Schumacher-Straße 2
3500 Kassel
Tel.: (05 61) 78 04 13

Deutscher Guttempler-Orden (IOGT) e.V.
Adenauerallee 45
2000 Hamburg 1
Tel.: (0 40) 24 58 80

Kreuzbund e.V.
Selbsthilfe- und Helfergemeinschaft für Suchtkranke
– Bundesgeschäftsstelle –
Münsterstraße 25, Postfach 18 67
4700 Hamm 1
Tel.: (0 23 81) 6 72 72-0

Anonyme Alkoholiker
Gemeinsames Dienstbüro
Postfach 46 02 27
8000 München 1
Tel.: (0 89) 3 16 43 43

AL-ANON Familiengruppen
Zentrales Dienstbüro
Emilienstraße 4
4300 Essen 1
Tel.: (02 01) 77 30 07

In den Beratungsstellen für Suchtmittelabhängige werden Angehörige entweder Hilfe für sich selbst finden oder Hinweise bekommen, wohin sie sich wenden können. An vielen Orten gibt es Angehörigengruppen, deren Anschrift ebenfalls in der Beratungsstelle zu erfahren ist.

Bücher aus dem Blaukreuz-Verlag Wuppertal und dem Blaukreuz-Verlag Bern

Karl Lask
Der Kuß der Selene
Frauen von Alkoholabhängigen machen Mut
2. Auflage
128 Seiten, Paperback, Illustrationen, z. Z. DM 17,80 / sFr. 17,80

„Ach, was müssen Sie glücklich sein, daß Ihr Mann nicht mehr trinkt!" ist nur zu oft eine irrige Annahme. Denn trotz der Abstinenz des Partners kann es handfeste Probleme geben, die der Bearbeitung bedürfen. Die ergreifenden Berichte sind insbesondere dadurch wertvoll und hilfreich, daß sie aus dem persönlichen Erleben aufzeigen, wie diese Nöte überwunden werden können.

Hans Klein
Beratungsgespräche mit Angehörigen von Alkoholabhängigen
Wie Angehörige sinnvoll helfen können
2., überarbeitete und erweiterte Auflage
160 Seiten, kartoniert, z. Z. DM 16,80 / sFr 16,80

Angehörige sind oft ratlos, wie sie sich im Umgang mit ihrem alkoholabhängigen Partner verhalten sollen. Die hier dargestellten Gesprächsausschnitte wollen dazu Rat und Hilfe bieten. Die Problemfelder gehen aus den Überschriften und dem Stichwortverzeichnis hervor. Der Leser findet also gezielte Aussagen zu einer akuten Situation.

Eberhard Rieth
Alkoholkrank?
Eine Einführung in die Probleme des Alkoholismus
für Betroffene, Angehörige und Helfer
10. Auflage
172 Seiten, Paperback, Illustrationen, z. Z. DM 17,80 / sFr. 16,80

Alkoholismus – Krankheit oder moralisches Versagen? Ist Alkoholismus erblich? Können Alkoholiker geheilt werden? Haben religiöse Fragen eine Bedeutung für die Heilung des Alkoholkranken? Allgemeinverständlich werden Ursachen und Verlauf süchtigen Verhaltens aufgezeigt und Hilfen zum besseren Verständnis des Suchtkranken gegeben. Das Buch zeigt Wege zur Gesundung des Alkoholkranken und leitet Helfer und Angehörige zu neuer Partnerschaft an.

Bücher aus dem Blaukreuz-Verlag Wuppertal und dem Blaukreuz-Verlag Bern

Ray Burwick
Du bist besser, als du denkst!
Wege zu einem gesunden Selbstwertgefühl
2. Auflage
136 Seiten, Paperback, Illustrationen, z. Z. DM 15,80 / sFr. 15,80

Viele Menschen finden keine Lebenserfüllung. Trotz gesicherter Verhältnisse sind sie plötzlich am Ende. Die verborgenen Ursachen: ein verzerrtes Selbstbild und ein schwaches Sebstwertgefühl. Der Autor (selbst Betroffener) zeigt authentische Wege zu einem gesunden Selbstwertgefühl. Zahlreiche eindrucksvolle Fallbeispiele vertiefen die Aussagen dieses Buches.

Becky Tirabassi / Gregg Lewis
Ich will mehr vom Leben
Die Geschichte einer jungen Frau
152 Seiten, Paperback, z. Z. DM 16,80 / sFr. 16,80

Immer muß Becky sich Anerkennung, Beliebtheit und Erfolg mühsam erkämpfen. Bis sie entdeckt, wie sie ihre Verkrampfung lösen kann: mit Alkohol. Er wird zu ihrer Party-Geheimwaffe. Doch eines Tages erkennt sie bestürzt, daß der Alkohol für sie weit mehr geworden ist: Er hat sie fest im Griff. Gelingt es ihr, sich aus dieser eisernen Umklammerung zu befreien?

Arline Westmeier
Die verletzte Seele heilen
Gesundung durch Seelsorge
– mit Fallbeispielen und Illustrationen –
3. Auflage
120 Seiten, Paperback, z. Z. DM 16,80 / sFr. 16,80

Viele Menschen haben seelische Verletzungen verdrängt. Unerklärliche Verhaltensweisen sind die Folge. An zahlreichen Beispielen macht die Autorin deutlich: Es gibt Befreiung von der belastenden Vergangenheit. Vielen Ratsuchenden hat sie geholfen, sich ihren schmerzhaften Erinnerungen und Gefühlen zu stellen, sie an Jesus Christus abzugeben und sich von ihm dauerhaft heilen zu lassen.